中学
国語力を高める
語《ご》彙《い》1560

受験研究社

この本の特色

中学生の日常の学習と高校入試対策に活用できる、国語の重要語彙《ごい》を集めました。選ばれた**一五六〇語**は、いずれも読解問題などで頻出《ひんしゅつ》の言葉です。

◎学習しやすいように3つのランクに分け、さらにテーマ別に分類しました。

◎見出しの言葉と合わせて、**類語**や**反対語**も学習できるようになっています。

◎**関連**では、見出し語に関連する言葉を載《の》せるとともに、他の見出し語とのリンクを示しました。

◎**消えるフィルター**で、意味の重要部分や用例の解答が消せるようになっているので、何度でも繰り返し学習できます。

もくじ

この本の使い方

テーマ
言葉の分類されているテーマを表しています。言葉を覚える助けとしてください。

類語
見出し語と似た意味の言葉を載せています。あわせて覚えるようにしましょう。

ランク
基本語・重要語・難語の3つのランクを表しています。ランクごとに，集中的に学習できます。

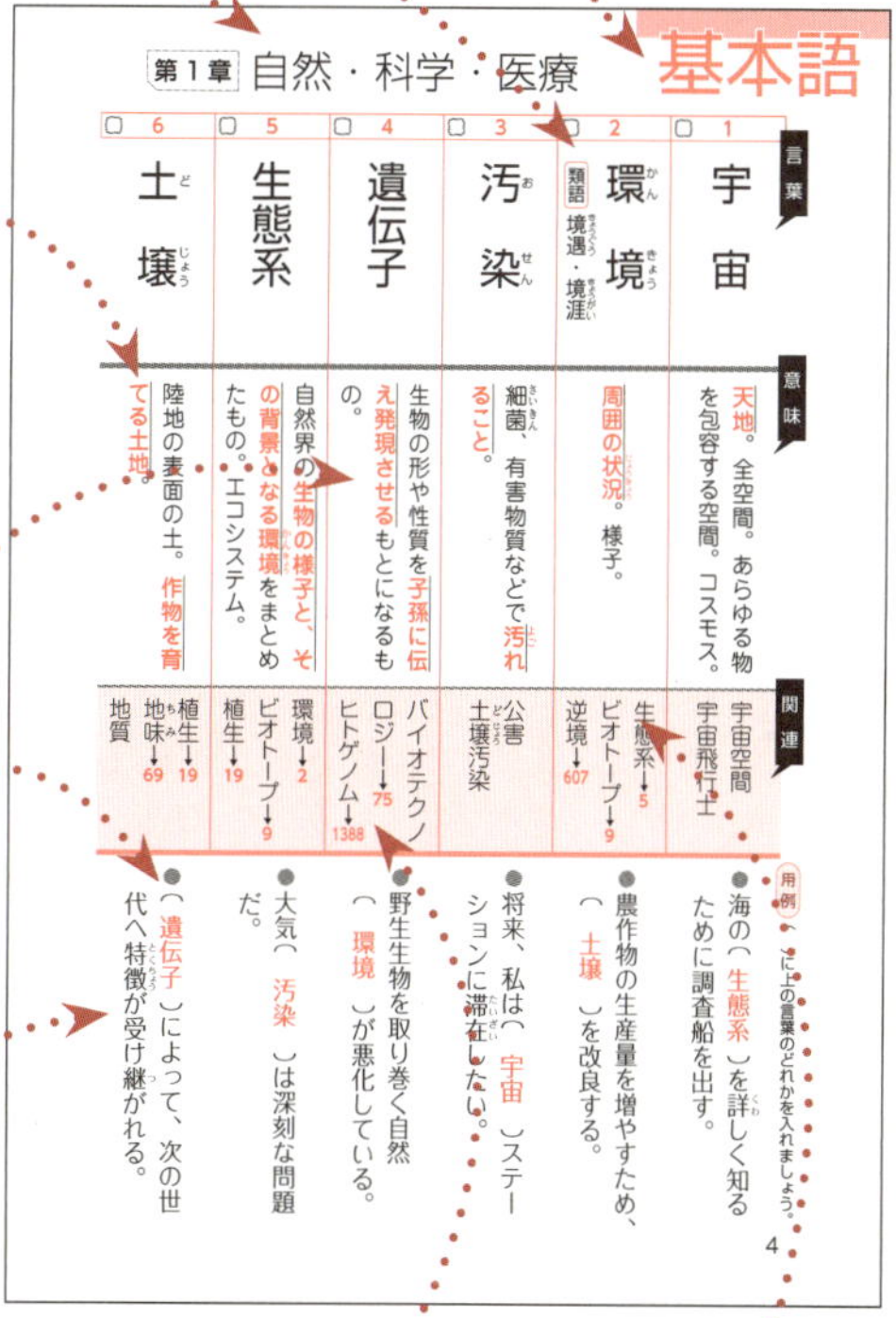

第1章 自然・科学・医療

基本語

言葉 / 意味 / 関連

1 宇宙
天地。全空間。あらゆる物を包容する空間。コスモス。
宇宙空間
宇宙飛行士

2 環《かん》境《きょう》
類語 境遇《きょうぐう》・境涯《きょうがい》
周囲の状況《じょうきょう》。様子。
生態系→5
ビオトープ→9
逆境→607

3 汚《お》染《せん》
細菌《さいきん》、有害物質などで汚《よご》れること。
公害
土壌《どじょう》汚染

4 遺伝子
生物の形や性質を子孫に伝え発現させるもとになるもの。
バイオテクノロジー→75
ヒトゲノム→1388

5 生態系
自然界の生物の様子と、その背景となる環境をまとめたもの。エコシステム。
環境→2
ビオトープ→9
植生→19

6 土《ど》壌《じょう》
陸地の表面の土。作物を育てる土地。
植生→19
地味《ちみ》→69
地質

用例 （　）に上の言葉のどれかを入れましょう。
●海の（ 生態系 ）を詳《くわ》しく知るために調査船を出す。
●農作物の生産量を増やすため、（ 土壌 ）を改良する。
●将来、私は（ 宇宙 ）ステーションに滞在《たいざい》したい。
●野生生物を取り巻く自然（ 環境 ）が悪化している。
●大気（ 汚染 ）は深刻な問題だ。
●（ 遺伝子 ）によって、次の世代へ特徴《とくちょう》が受け継《つ》がれる。

4

意味
文章の中でよく使われる意味を中心に，簡潔にまとめてあります。未知の言葉については，しっかり理解して覚えるようにしましょう。

赤字
意味の説明の「重要部分」と用例の「解答」を赤字にしました。消えるフィルターで消して，繰り返し確認できるようにしています。

用例
意味を理解し，きちんと覚えられたかどうか，問題形式の例文で確かめましょう。

リンク
他の見出し語を番号ですぐに確認できます。

関連
見出し語を用いた言葉や関連のある言葉を示しました。

基本語

	1	2	3	4	5	6
言葉	宇宙	環境《かんきょう》 類語 境遇《きょうぐう》・境涯《きょうがい》	汚染《おせん》	遺伝子	生態系	土壌《どじょう》
意味	**天地**。全空間。あらゆる物を包容する空間。コスモス。	**周囲の状況《じょうきょう》**。様子。	細菌《さいきん》、有害物質などで**汚《よご》れること**。	生物の形や性質を**子孫に伝え発現させる**もとになるもの。	自然界の**生物の様子と、その背景となる環境《かんきょう》**をまとめたもの。エコシステム。	陸地の表面の土。**作物を育てる土地**。
関連	宇宙空間 宇宙飛行士	生態系→5 ビオトープ→9 逆境→607	公害 土壌《どじょう》汚染	バイオテクノロジー→75 ヒトゲノム→1388	環境→2 ビオトープ→9 植生→19	植生→19 地味《ちみ》→69 地質

用例 （　）に上の言葉のどれかを入れましょう。

- 海の（ **生態系** ）を詳《くわ》しく知るために調査船を出す。
- 農作物の生産量を増やすため、（ **土壌** ）を改良する。
- 将来、私は（ **宇宙** ）ステーションに滞在《たいざい》したい。
- 野生生物を取り巻く自然（ **環境** ）が悪化している。
- 大気（ **汚染** ）は深刻な問題だ。
- （ **遺伝子** ）によって、次の世代へ特徴《とくちょう》が受け継《つ》がれる。

□ 7

暗《あん》礁《しょう》

海中に隠《かく》れていて、**航行の妨《さまた》げとなる岩**。思いがけない困難の意味でも用いる。

難局→219
難航→1033
受難→1411

●（入り江）なので、波が静かだ。

□ 8

入《い》り江《え》

類語 入り海・湾《わん》

湖や海が**陸地に入り込《こ》んだ**部分。

湾岸→11

●船が（暗礁）に乗り上げてしまった。

□ 9

ビオトープ

野生の動植物が、**生態系を保って生きている**環境《かんきょう》。公園などに人工的に作られたそのような環境。

環境→2
生態系→5
食物連《れん》鎖《さ》

●（稲光）が一瞬《いっしゅん》、夜空を明るくした。

□ 10

河《か》川《せん》

多く、**大きい河**と**小さい川**との総称《そうしょう》。

濁流《だくりゅう》→21
一級河川
河川工事

●利根《とね》川の（河川）敷《じき》で遊ぶ。

□ 11

湾《わん》岸《がん》

類語 湾内

湾の**沿岸**。

入《い》り江《え》→8
湾岸戦争
湾岸道路

●ペルシャ（湾岸）諸国は有数の原油国だ。

□ 12

稲《いな》光《びかり》

類語 稲妻

雷雨《らいう》などの際に生じ、すばやく空を走る**電光**。秋の季語。

雷鳴→34
避雷針《ひらいしん》→1393
雷《かみなり》

●（ビオトープ）の観察を続け、地球全体の生態系を考える。

	13	14	15	16	17	18
言葉	次元	丘《きゅう》陵《りょう》 類語 丘《おか》	白《びゃく(はく)》夜《や》	かげろう	隆《りゅう》起《き》 類語 突出《とっしゅつ》・こんもり	薄曇《うすぐも》り
意味	空間などの**広がり**。また、思考する立場。ディメンション。	なだらかな**低い山並み**。	北極や南極に近い地方で夏に**真夜中でも薄明《うすあか》るい**ままである現象。日の沈《しず》まない夜。	春、日光で地表近くの空気が暖められ、**透明《とうめい》な炎《ほのお》が立ち上るように見える**現象。	**高くもり上がる**こと。 ⇔沈下《ちんか》	**うっすらと曇る**こと。高いところに雲の多い曇り。
関連	異次元	隆《りゅう》起《き》→17	夏《げ》至《し》	幻覚《げんかく》→135 蜃気楼《しんきろう》	丘陵《きゅうりょう》→14 突出《とっしゅつ》→1251	

用例　（　）に上の言葉のどれかを入れましょう。

- この土地は（　**隆起**　）が激しい。
- 春の（　**薄曇り**　）は、花曇《はなぐも》りともいう。
- メディアの表現できる（　**次元**　）はどんどん広がっていく。
- 暖かくなると（**かげろう**）が立つ。
- （　**白夜**　）で、夜通し明るかった。
- （　**丘陵**　）地帯を歩く。

□ 19

植生

類語 植被《しょくひ》

植物を、その生育場所と一体のものとして指す語。また、その分布状態。

生態系→5
土壌《どじょう》→6
植生図

□ 20

乾《かん》期《き》（季）

一年中で雨の少ない季節。
⇔雨期（季）

慈雨《じう》→1389

□ 21

濁《だく》流《りゅう》

にごった水の流れ。⇔清流

河川《かせん》→10

□ 22

干満

潮のみちひき。干潮と満潮。下げ潮と上げ潮。

満ち潮
引き潮

□ 23

上《じょう》弦《げん》

新月から満月になるまでの間の半月。⇔下弦

月齢《げつれい》

□ 24

分《ぶん》析《せき》

類語 解剖《かいぼう》

ある物事の内容や性質を明らかにするため、細かな要素に分けていくこと。⇔総合

追究→82
化学分析

● 科学者の（ 分析 ）力に驚嘆《きょうたん》する。

● （ 上弦 ）の月がきれいだ。

● この地域は（ 乾期 ）と雨期が明確だ。

● 地域ごとの（ 植生 ）を調査し、分布図を作る。

● ここは（ 干満 ）の差の大きな場所だ。

● 大雨で大木が（ 濁流 ）にのまれる。

言葉

25 濃霧《のうむ》

26 降雪

類語 積雪

27 冬至

28 雪崩《なだれ》

29 拡散

類語 散乱・放散

30 領域

類語 領土・分野

意味

25 濃《こ》く立ちこめた霧《きり》。深い霧。秋の季語。

26 雪が降ること。また、降った雪。

27 北半球では、太陽の高度が一年中で最も低く、また、昼が最も短い日。⇕夏至《げし》

28 斜面《しゃめん》の積雪が崩れ落ちる現象。春の季語。

29 広がり散ること。

30 勢力下に置く区域。また、学問などで対象とする範囲《はんい》。

関連

26 雪崩《なだれ》→28 除雪

28 降雪→26 崩壊《ほうかい》→185 除雪

29 浸透《しんとう》→58 伝搬《でんぱん》 流布《るふ》

30 地盤《じばん》→84 管轄《かんかつ》→310 研究領域

用例

（　）に上の言葉のどれかを入れましょう。

- 日本海側の（ 降雪 ）量が記録をぬりかえた。
- （ 冬至 ）には、カボチャを食べる風習がある。
- （ 濃霧 ）で視界が悪い。
- 二つの（ 領域 ）にまたがった研究課題。
- 消毒薬が部屋中に（ 拡散 ）する。
- 雪山の春は、（ 雪崩 ）が起きやすい。

□ 31 酸性雨

大気汚染《おせん》物質が溶《と》け込《こ》んで降る**酸性の雨**。

酸性霧《さんせいむ》
公害

□ 32 噴《ふん》火《か》

類語 爆発《ばくはつ》・噴出

火山が溶岩《ようがん》・火山弾《だん》・火山灰・水蒸気などを**吹《ふ》き出す**こと。

噴火口

□ 33 偏《へん》西《せい》風《ふう》

中緯度《いど》地方の上空を一年中**西から東へ**吹《ふ》く風。

□ 34 雷《らい》鳴《めい》

類語 いかづち・鳴神《なるかみ》

雷《かみなり》が鳴ること。また、その音。夏の季語。

稲光《いなびかり》→12
避雷針《ひらいしん》→1393

□ 35 時雨《しぐれ》

秋の終わりから**冬の初め**にかけて降ったりやんだりする雨。冬の季語。

□ 36 羽《う》化《か》

類語 脱皮《だっぴ》

昆虫《こんちゅう》のさなぎが変態して**成虫になる**こと。

羽化登仙《とうせん》

- ポンペイという町は火山の（ 噴火 ）で消滅《しょうめつ》した。
- 空は（ 時雨 ）模様だ。
- 長年（ 酸性雨 ）に打たれ、建築物の破損が進んだ。
- 一晩かけて、神秘的なセミの（ 羽化 ）を観察する。
- ヨーロッパは（ 偏西風 ）の影響《えいきょう》が強い。
- （ 雷鳴 ）がとどろいた。

言葉

□ 37 雌《し》雄《ゆう》
類語 一対《いっつい》・勝敗

□ 38 胞《ほう》子《し》

□ 39 捕《ほ》食《しょく》

□ 40 猛《もう》獣《じゅう》
類語 獣《けもの》

□ 41 循《じゅん》環《かん》
類語 めぐり・円環

□ 42 風化

意味

37 **オスとメス**。勝ち負け。**優《ゆう》劣《れつ》**。

38 植物が次の世代をつくるために形成する**生殖細胞《せいしょくさいぼう》**。

39 生物が**他の生物を捕《つか》まえて食べる**こと。

40 性質の**荒々《あらあら》しい、肉食の動物**。

41 ひとまわりして、また元の場所あるいは状態にかえり、それを**くり返す**こと。

42 地表や岩石が空気や水などに次《し》第《だい》に**崩《くず》される**こと。出来事の記《き》憶《おく》や印象が**弱くなっていく**こと。

関連

38 種苗《しゅびょう》→1387　繁殖《はんしょく》

39 生態系→5　捕獲《ほかく》→92　獲物《えもの》→100

40 捕食《ほしょく》→39　猛禽《もうきん》

41 還元《かんげん》→45　悪循環→183　回帰→1480

42 劣化《れっか》→89

用例　（　）に上の言葉のどれかを入れましょう。

● シダ類は（　胞子　）によってふえる。

● 市内（　循環　）のバスはとても便利だ。

● 肉食動物が、草食動物を（　捕食　）して生きている。

● （　猛獣　）であるライオンがオリから逃《に》げ出した。

● 悲しい記《き》憶《おく》を（　風化　）させないことが大切だ。

● いよいよ両者の（　雌雄　）を決するときが来た。

□ 43

腐葉土《ふようど》

落ち葉が腐《くさ》ってできた園芸用の土。

肥料
堆肥《たいひ》

●食品に含《ふく》まれる（ 酵素 ）の働きを調べる。

□ 44

臨界

さかい。境界。

臨界点
臨界状態

●植木鉢《うえきばち》に（ 腐葉土 ）を入れて、苗《なえ》を植える。

□ 45

還元《かんげん》

元の状態に戻《もど》すこと。

循環《じゅんかん》→41
回帰→1480

●二社の間で（ 摩擦 ）を避《さ》けるための話し合いが続く。

□ 46

酵素《こうそ》

生物の体内での**化学反応の速度**を変化させる物質。

消化酵素

●物質が燃焼するときに発生する（ 熱量 ）をはかる。

□ 47

摩擦《まさつ》

類語 物質抵抗《ていこう》

こすること。**すれ合う**こと。利害や意見の違《ちが》いから生まれるもめごと。

衝突《しょうとつ》→331
軋轢《あつれき》

●会社の利益を、広く社会に（ 還元 ）する事業。

□ 48

熱量

熱を**エネルギーの量**として表すもの。**カロリー**。

燃焼→55

●薬品が変化する（ 臨界 ）温度を調べる。

	言葉	類語	意味	関連
49	引力	磁力	物体が互《たが》いに引き合う力。	万有引力 重力
50	原理	真理・理論	物事や現象を成り立たせる、根本となるしくみ。	摂理《せつり》→95 本質→129 真理→158
51	電磁波	赤外線・X線	電気と磁気が作用する振動《しんどう》が伝わる現象。	電磁調理器
52	並列	並立	並び連ねること。	並行 羅列《られつ》→1154
53	融《ゆう》合《ごう》	一体化・結合・融和	とけ合うこと。とけて一つになること。	統合→133 融和→235 融合反応
54	煮《しゃ》沸《ふつ》	沸騰《ふっとう》	煮立《にた》たせること。ぐらぐらと煮ること。	煮沸器

用例 （　）に上の言葉のどれかを入れましょう。

- 電池のつなぎ方には、直列と（ 並列 ）の二通りがある。
- 電子レンジは、（ 電磁波 ）を利用した調理器具だ。
- てこの（ 原理 ）を使って釘《くぎ》を抜《ぬ》いた。
- 月と地球との間にも、（ 引力 ）が働いている。
- 哺《ほ》乳瓶《にゅうびん》を（ 煮沸 ）消毒によって清潔にする。
- 二人の思いが（ 融合 ）して、作品が生まれた。

□ 55 燃焼

燃えること。力を出し尽《つ》くすこと。

熱量→48

●太陽光が、海面に（ 反射 ）する。

□ 56 飽《ほう》和《わ》

最大限度まで満たされている状態。

●体育祭ではクラス一丸となって完全（ 燃焼 ）した。

□ 57 溶《よう》解《かい》

類語 融解《ゆうかい》

とけること。とかすこと。

融《ゆう》和《わ》→235　溶解熱　液化

●多くの人で埋《う》め尽《つ》くされ、会場は（ 飽和 ）状態だ。

□ 58 浸《しん》透《とう》

類語 普及《ふきゅう》

液体がしみとおること。人々の間に広がること。

拡散→29　普遍《ふへん》→128　浸透圧

●薬は正しく（ 服用 ）しなければならない。

□ 59 反《はん》射《しゃ》

類語 照り返し

光や電波などが、物体に当たってはね返ること。意識とは関係なく、体が反応すること。

反射的　条件反射　反射鏡

●インターネットで世界とつながる考え方が（ 浸透 ）した。

□ 60 服用

類語 内服・内用・服薬

薬を飲むこと。

劇薬→64　服用量

●南極の氷の（ 溶解 ）で、海面が上昇《じょうしょう》する。

	言葉	意味	関連
□ 61	治癒《ちゆ》 類語 快方・回復	病気やけがなどが**治る**こと。	リハビリ→63 治療《ちりょう》→68 免疫《めんえき》→72
□ 62	介抱《かいほう》 類語 看病・看護	病人やけが人の**世話**をすること。	治療《ちりょう》→68
□ 63	リハビリテーション	機能回復や社会復帰のための**訓練や指導**。【略】リハビリ	治癒《ちゆ》→61 治療《ちりょう》→68
□ 64	劇薬 類語 毒薬	**作用**が激しく、使用方法を誤ると生命にかかわる薬物。	服用→60
□ 65	外科	病気やけがを、おもに手術によって**治療**《ちりょう》する医学の一部門。⇔内科	外科医 縫合《ほうごう》→73 ドナー→83
□ 66	疫病《えきびょう》 類語 悪疫	**伝染病**《でんせんびょう》。はやりやまい。	免疫《めんえき》→72 検疫 ワクチン

用例 （ ）に上の言葉のどれかを入れましょう。

●（**リハビリテーション**）専門の施設《しせつ》で、骨折後の回復を目指す。

●（ **劇薬** ）は鍵《かぎ》のかかる棚《たな》にしまわれている。

●病人を一晩中（ **介抱** ）した。

●（ **外科** ）で盲腸《もうちょう》の手術をした。

●鴨長明《かものちょうめい》の『方丈記《ほうじょうき》』には、当時の（ **疫病** ）の大流行が記されている。

●完全に（ **治癒** ）するまで、安静にしよう。

□ 67 温暖化

地球上の人間活動により放出されたガスで、気温が上《じょう》昇《しょう》する現象。

環境《かんきょう》→2

●（ 地味 ）の肥えた、良い土地である。

□ 68 治《ち》療《りょう》

類語 療養・手当

病気を治すこと。

治癒《ちゆ》→61
介抱《かいほう》→62
リハビリ→63

●冬山で（ 凍傷 ）にかかった。

□ 69 地《ち》味《み》

類語 地質

作物の栽培《さいばい》についての土地の性質。

土壌《どじょう》→6

●歯の（ 治療 ）のために通院する。

□ 70 凍《とう》傷《しょう》

類語 しもやけ

強い冷気が体に作用して起こる全身または局所の傷害。

やけど

●温室効果ガスによって、地球（ 温暖化 ）が進んでいる。

□ 71 人《じん》為《い》

類語 人工

人の手を加えること。人の力で行うこと。⇔自然

加工

●母乳は赤ちゃんの（ 免疫 ）力を高める。

□ 72 免《めん》疫《えき》

類語 抵抗力《ていこうりょく》

ある病気に抵抗する性質が体内にできていて、その病気が発病しにくくなること。

治癒《ちゆ》→61
疫病→66
抗体

●公園内に、（ 人為 ）的に植物の生育環境《かんきょう》を作り出す。

番号	言葉	類語	意味	関連
73	縫《ほう》合《ごう》		縫《ぬ》い合わせること。	外科→65
74	母《ぼ》胎《たい》	胎盤《たいばん》・子宮	母の胎内。もとになったもの。	
75	バイオテクノロジー	生物工学	生物の持つ機能を実用的に応用する技術。	遺伝子→4 ヒトゲノム→1388
76	含《がん》有《ゆう》	保有・内包	ある物の中に成分や内容物として含《ふく》んでいること。	含蓄《がんちく》→1477 含有率
77	添《てん》加《か》	付加・追加	ある物に他の物をつけ加えること。	無添加
78	乳酸		牛乳や糖などの発酵《はっこう》でできる、酸味の強い物質。	乳酸菌 乳酸飲料

用例 （　）に上の言葉のどれかを入れましょう。

- 赤ちゃんは（　母胎　）で順調に育っている。
- 外科医は（　縫合　）の腕前《うでまえ》も大切だ。
- ヨーグルトは（　乳酸　）を含《ふく》む食品だ。
- 食品（　添加　）物に、関心を持つべきだ。
- 糖類の（　含有　）量がゼロの飲み物を注文した。
- （バイオテクノロジー）の発展に不可欠な技術。

□ 79 麦《ばく》芽《が》

大麦を**発芽**させたもの。

麦芽糖

●（　**麦芽**　）は水あめの原料になる。

□ 80 適応

類語　順応《じゅんのう》

周囲の状況《じょうきょう》や条件に合うように、形態や性質を変えること。

適合
適切

●生物は、自分を取り巻く環境《かんきょう》に（　**適応**　）して生き延《の》びる。

□ 81 堆《たい》積《せき》

類語　集積

高く積もること。積み重ねること。水や風などに運ばれて、**岩石や土砂《どしゃ》がたまる**こと。

堆積岩
蓄積《ちくせき》→259

●長い時間をかけ、土砂《どしゃ》が（　**堆積**　）してできた土地。

□ 82 追究

類語　究明・考察

学問・真理などを**深く調べ、明らかにしようと**すること。

分析《ぶんせき》→24

●遺伝子治療《ちりょう》については学者たちが（　**追究**　）し続けている。

□ 83 ドナー

臓器や骨髄《こつずい》の移植における、**臓器、骨髄の提供者**。寄贈者《きぞうしゃ》。

外科→65
ドナーカード

●（　**ドナー**　）から患者《かんじゃ》への移植が行われた。

□ 84 地《じ》盤《ばん》

類語　地所

大地の表面を成す層。**建造物の土台**になる土地。物事を行う際の**勢力の及《およ》ぶ範囲《はんい》**。

領域→30
宅地
敷地《しきち》

●この辺りの土地は（　**地盤**　）がゆるい。

	言葉	類語	意味	関連
□ 85	共生	共存	同じ場所で、**ともに生活する**こと。	生態系→5 共存→93
□ 86	地《ち》軸《じく》		南極と北極とを結んでいる、地球の自転においての**中心軸**。	自転
□ 87	老《ろう》廃《はい》物《ぶつ》	排泄物《はいせつぶつ》	古くなって役に立たなくなったもの。体にとって**不要**となったもの。	
□ 88	余命	余生	**残り**の命。	余生→1358 晩年→1365 寿命《じゅみょう》
□ 89	劣《れっ》化《か》	悪化・老化	性能や品質などが**悪くなる**こと。	風化→42 老朽《ろうきゅう》化《か》
□ 90	猛《もう》威《い》		**激しい勢い**。威力。	脅《きょう》威《い》→351 すさまじい

用例 （　）に上の言葉のどれかを入れましょう。

- インフルエンザが（　猛威　）をふるう。
- 人と野生動物が（　共生　）できる環境《かんきょう》をつくる。
- 部品の（　劣化　）を防ぐ。
- 腎臓《じんぞう》は（　老廃物　）を処理してくれる。
- 愛犬の（　余命　）を告げられショックを受ける。
- （　地軸　）の傾《かたむ》きを計算に入れる。

□ 91 クローン

類語 分身・コピー

全く同じ遺伝子を持つ生物。

遺伝子→4
バイオテクノロジー→75

●知っていたつもりのものが、未知へと（**転化**）することも多い。

□ 92 捕《ほ》獲《かく》

生物を**捕《と》らえる**こと。生け捕ること。

捕食→39
獲物《えもの》→100

●（**クローン**）技術が生み出した生物。

□ 93 共存

類語 共生・併存《へいぞん》

同時に**複数のもの**がともに生存すること。

生態系→5
共生→85

●いのししの（**捕獲**）は大成功だ。

□ 94 転化

類語 転換《てんかん》・変成

ある物や状態が他の物や状態に**変わる**こと。

好転→247

●温泉の（**効能**）を信じる。

□ 95 摂《せっ》理《り》

あらゆる物事や現象を**支配**している法則。

原理→50
本質→129
真理→158

●自然の（**摂理**）に逆らわずに生きる。

□ 96 効能

類語 効果

効き目。効用。働き。

作用

●異教徒の平和的（**共存**）は人類の夢だ。

言葉 / 意味 / 関連

97 圧縮
類語 凝縮《ぎょうしゅく》・圧搾《あっさく》
意味：圧力をかけて小さく縮めること。文章などを短く縮めること。
関連：縮小→211　収縮

98 換《かん》気《き》
類語 風通し・通風
意味：空気を入れ換《か》えること。
関連：換気口　換気扇《かんきせん》

99 絶《ぜつ》滅《めつ》
類語 壊滅《かいめつ》・根絶
意味：滅《ほろ》び絶えること。すっかりなくなること。
関連：壊滅→1058　根絶やし→188

100 獲《え》物《もの》
類語 戦利品
意味：狩《か》りや漁で得たもの。勝負して勝ち取ったもの。
関連：捕食《ほしょく》→39　捕獲《ほかく》→92　収穫→165

101 節電
類語 省エネ
意味：電力の使用量を節約し、減らすこと。
関連：環境《かんきょう》→2　エコロジー→102　削減《さくげん》→253

102 エコロジー
意味：生態学。環境《かんきょう》保護。自然保護運動。
関連：環境→2　生態系→5　節電→101

用例　（　）に上の言葉のどれかを入れましょう。

- ワナに（　獲物　）のいのししがかかっている。
- 電気料金の値上げで、（　節電　）する家が増える。
- かさばる荷物を（　圧縮　）してトランクに詰《つ》める。
- （エコロジー）に配慮《はいりょ》した電器製品を買った。
- （　絶滅　）が危《あや》ぶまれる野生動物を保護する。
- ストーブの使用中は、部屋の（　換気　）に注意しよう。

第2章 文化・哲学・宗教

□ 103 音色

類語 響《ひび》き

その音だけに感じられる、特別な感じ。おんしょく。

拍子《ひょうし》→105
旋律《せんりつ》

●全員で（ 拍子 ）をとって歌った。

□ 104 能楽

能と狂言《きょうげん》の総称《そうしょう》。

檜《ひのき》舞《ぶ》台《たい》

●珍《めずら》しい熱帯魚を（ 観賞 ）する。

□ 105 拍《ひょう》子《し》

類語 テンポ

曲に合わせて手などを打って、リズムをとること。はずみ。調子。

音色→103
旋律《せんりつ》

●夏の（ 風物詩 ）といえば花火だ。

□ 106 観賞

類語 観覧

動植物などを見て味わい、心を楽しませること。

観賞植物
観賞魚

●フルートの（ 音色 ）にうっとりする。

□ 107 美意識

類語 美的感覚

美を感じ理解したり判断したりする心の働き。

趣向《しゅこう》→425
審美眼《しんびがん》
センス

●作家の（ 美意識 ）の高さに感動した。

□ 108 風物詩

類語 風景・景色

季節の感じをよく表している風習や事物。

風土→125

●（ 能楽 ）は日本の伝統芸能だ。

番号	言葉	意味	関連
109	主観	自分ひとりだけの考えや感じ方。⇔客観	価値観→115 客観→116 主体的→112
110	メンタル 類語 内的	心的。知的。精神的。	メンタル・ヘルス（＝精神衛生）
111	リアリティー	現実性。実在性。迫《はく》真《しん》性《せい》。真実味。	バーチャル・リアリティー→1457
112	主体的 類語 自発的・自主的	自分の意思や判断で行動するさま。	能動的→503
113	創造 類語 創作	それまでなかった新しいものを初めてつくり出すこと。⇔模《も》倣《ほう》	画期的→192 クリエイティブ（＝創造的）
114	アイデンティティー 類語 自我《じが》	自己同一性。まさに自分自身であって、他人とは異なるということ。	個性 特性

用例 （　）に上の言葉のどれかを入れましょう。

- 物事を、（　主観　）を排《はい》して判断する。
- どこに自分の（アイデンティティー）を求めるべきか考えたい。
- ボランティア活動に（　主体的　）に参加する。
- 『古事記』は、日本列島の（　創造　）から始まる。
- （リアリティー）のない話はやめよう。
- （メンタル）面の弱い若者の増加が目立つ。

□ 115 価値観

類語 考え方・信念

個人個人が何に価値を認めるかという**判断**。物事の見方。

主観→109
信念→715
良心→718

●厄年《やくどし》の人は、神社で（ **厄払い** ）をしてもらえる。

□ 116 客観

類語 客体

主観から**独立**した存在。個人の考えを離《はな》れ、一般的《いっぱんてき》、普遍的《ふへんてき》なもの。⇔主観

主観→109
客観的

●二人の（ **価値観** ）はあまりにかけ離《はな》れている。

□ 117 供《く》養《よう》

類語 弔《とむら》い・回向《えこう》

死者の霊《れい》に供え物などをして、**冥福《めいふく》を祈《いの》る**こと。

回向《えこう》→1400
供養塔《くようとう》

●科学技術の（ **恩恵** ）を受けて近代化を遂《と》げた。

□ 118 現象

類語 事象

自然界や人間界の**できごと**。

自然現象

●先祖の（ **供養** ）を欠かさない。

□ 119 恩《おん》恵《けい》

類語 恩寵《おんちょう》

恵《めぐ》み。慈《いつく》しみ。情け。

功徳《くどく》→967
慈雨《じう》→1389
御利益《ごりやく》

●テストの（ **客観** ）性を高める必要がある。

□ 120 厄《やく》払《はら》い

類語 厄落とし

災《わざわ》いを避《さ》けるため、神仏に祈《いの》ること。

厄年→131

●その映画は社会（ **現象** ）まで引き起こした。

□ 121 認《にん》識《しき》

類語 認知

意味：物事を他のものと見分け、はっきりととらえること。**知覚**されること。

関連：認識不足／再認識

□ 122 遺《ゆい》言《ごん》

意味：自分の死んだあとのことについて**言い残す**こと。その言葉。

関連：永眠《えいみん》→139／譲渡《じょうと》→257／遺言状

□ 123 光景

類語 風景・情景

意味：目前に広がる**ながめ**。ある場面の具体的なさま。

関連：風致→1395／景色／シーン

□ 124 絶対

類語 無条件

意味：**制限や条件をつけられない**こと。他に比較《ひかく》するものがないこと。決して。⇔相対

関連：相対→130

□ 125 風土

類語 地勢

意味：その土地固有の気候や地味《ちみ》などの自然条件。**土地柄《がら》**。

関連：土壌《どじょう》→6／風物詩→108／風土記《ふどき》

□ 126 世界観

類語 主義

意味：**世界**や人生についての見方や考え方。

関連：主観→109／価値観→115／人生観

用例

（　）に上の言葉のどれかを入れましょう。

- 白銀に輝《かがや》く峰々《みねみね》の（　光景　）に目をみはった。
- その土地の（　風土　）に合った食生活がある。
- 君に対する（　認識　）を今後改めようと思う。
- 会長の（　遺言　）で、社長が交代した。
- 宮澤賢治《みやざわけんじ》の作品に表れた（　世界観　）は興味深いものだ。
- 人生に（　絶対　）はあり得ない。

基本語 第1章 第2章 第3章 第4章 第5章 第6章 第7章 第8章 第9章

127 地《ち》誌《し》

それぞれの土地の自然や社会、文化などについて書かれた書物。

風《ふ》土《ど》記《き》

●（ 地誌 ）の編集を手がける。

128 普《ふ》遍《へん》

類語 一般《いっぱん》

広く行き渡《わた》ること。すべてのものに共通すること。⇔特殊《とくしゅ》

浸透《しんとう》→58　ポピュラー→212　普遍性

●この地域の学校は、全国的に見ると生徒数が（ 相対 ）的に少ない。

129 本質

類語 核心《かくしん》・根源

物事の本来の性質や姿。

摂理《せつり》→95　根源→152　真理→158

●（ 本質 ）を見失わない議論が望ましい。

130 相対

他のものとの関係や比較《ひかく》において成立存在すること。⇔絶対

絶対→124　割高《わりだか》→297

●国宝の掛《か》け軸《じく》の（ 由来 ）を尋《たず》ねる。

131 厄《やく》年《どし》

災難に遭《あ》うことが多いので、気をつけるべきだといわれる年。

厄払《やくはら》い→120　前厄　後厄

●彼《かれ》の研究は、（ 普遍 ）的事実の積み重ねだ。

132 由来

類語 いわれ

起源。歴史。来歴。物事が起こったはじまり。

由緒《ゆいしょ》→138　所以《ゆえん》→142　縁起《えんぎ》→144

●四十二歳《さい》は男性の（ 厄年 ）だ。

□ 133 統合

類語 合併《がっぺい》・統一・併合《へいごう》

意味 いくつかのものを一つに**まとめ合わせる**こと。

関連 経済統合 / 融合《ゆうごう》→53 / 併合→1040

□ 134 理性

類語 知性

意味 感性に惑《まど》わされずに、**筋道を立てて**物事を考え、判断する能力。⇔感情

関連 冷静 / 理性的 / インテリジェンス

□ 135 幻《げん》覚《かく》

類語 幻影《げんえい》・錯覚《さっかく》・幻想

意味 **現実にない対象**が、あたかも存在するように感じること。

関連 かげろう→16 / 白昼夢→149 / 錯覚→664

□ 136 礼《れい(らい)》拝《はい》

類語 参拝

意味 神仏などを**拝む**こと。

関連 礼拝堂 / 礼拝式

□ 137 エゴイズム

意味 **利己主義**。自分だけの利益や幸福などを追求する考え方。【略】エゴ

関連 利己→732 / 利他→752 / ひとりよがり

□ 138 由《ゆい》緒《しょ》

類語 いわれ

意味 物事の起こりと現在までの筋道。長い歴史を経て作り上げられた**格式**。

関連 由来→132 / 所以《ゆえん》→142 / 縁起《えんぎ》→144

用例 (　)に上の言葉のどれかを入れましょう。

● (　由緒　)ある寺院を巡《めぐ》るツアーに参加する。

● 二社の(　統合　)策が成功した。

● 漱石《そうせき》の『こころ』は、人間の持つ醜《みにく》い(エゴイズム)を描《えが》いている。

● 島が見えたように思ったが(　幻覚　)だったようだ。

● 毎週、日曜日には、家族で(　礼拝　)に行く。

● (　理性　)を失わず、冷静に対処しよう。

□ 139 永《えい》眠《みん》

類語 死去・逝去《せいきょ》

永遠の眠《ねむ》り。**死ぬ**こと。

遺言→122
臨終

□ 140 会《え》得《とく》

類語 体得・習得

物事をよく理解して**自分のものにする**こと。マスター。

体得→850

□ 141 先入観

類語 色眼鏡《いろめがね》・偏見《へんけん》

実際に見たり聞いたりする前に、前もってつくられた**思い込《こ》み**。

偏見→177
色眼鏡で見る→1105

□ 142 所《ゆ》以《えん》

類語 事由・根拠《こんきょ》

いわれ。わけ。理由。

由来→132
由緒《ゆいしょ》→138
縁《えん》起《ぎ》→144

□ 143 境《けい》内《だい》

類語 寺内

寺社などの敷地《しきち》内。

□ 144 縁《えん》起《ぎ》

類語 験《げん》

物事の**起源**や**由来**。社寺の由来や伝説。**良いことや悪いことの起こる前兆**。

由緒《ゆいしょ》→138
所以《ゆえん》→142
験かつぎ

- 祖父は百歳《ひゃくさい》で（ 永眠 ）した。
- この名をつけた（ 所以 ）は、画数の良さである。
- 医者として必要な医学知識を（ 会得 ）する。
- 日々の生活でも（ 縁起 ）をかついで行動する。
- 寺の（ 境内 ）で鬼《おに》ごっこをする。
- 異文化に対する（ 先入観 ）は禁物だ。

145 風情《ふぜい》

言葉 風情《ふぜい》
類語 様子

意味 風雅《ふうが》な趣《おもむき》。味わいのある感じ。

関連 風致《ふうち》→1395

146 化身《けしん》

言葉 化身《けしん》
類語 権化《ごんげ》

意味 神仏が人々を救うために、人間の姿に形を変えて、この世に現れること。

関連 偶像《ぐうぞう》→979　権化→984　体現

147 不滅《ふめつ》

言葉 不滅《ふめつ》
類語 不朽《ふきゅう》

意味 滅《ほろ》びないこと。永遠になくならないこと。

関連 不朽《ふきゅう》→994　久遠《くおん》→1401　永続

148 発祥《はっしょう》

言葉 発祥《はっしょう》
類語 起源

意味 物事のおこり始め。

関連 由来→132　所以《ゆえん》→142　縁起《えんぎ》→144

149 白昼夢

言葉 白昼夢
類語 白日夢

意味 真昼に見る夢。また、その夢に似た、現実性を帯びた空想。

関連 幻覚《げんかく》→135　幻《まぼろし》

150 運命

言葉 運命
類語 宿命・天命

意味 超《ちょう》自然的な力に支配されて、人の意思では動かせない巡《めぐ》り合わせ。

関連 因縁《いんねん》→157　運命的　運命共同体

用例 （　）に上の言葉のどれかを入れましょう。

- 文明（ **発祥** ）の地を訪れる。
- （ **運命** ）は自分で変えられるはずだ。
- 誰《だれ》かを待つような（ **風情** ）の女性が描《えが》かれている。
- あの人は、まるで菩薩《ぼさつ》の（ **化身** ）のような人だ。
- 彼《かれ》の才能は（ **不滅** ）である。
- まるで（ **白昼夢** ）を見ているようだった。

□ 151 突《とっ》破《ぱ》

類語 打破・打開

障害や困難を突《つ》き破ること。ある数量を超《こ》えること。

強行突破
正面突破
突破口

●赤ちゃんの（ 無心 ）な笑顔《えがお》には癒《いや》される。

□ 152 根源(元)

類語 起源

物事の生じたそもそもの始まり。おおもと。根本。

本質→129
由来→132
由緒《ゆいしょ》→138

●スプーンを（ 念力 ）で曲げる人が登場する。

□ 153 念願

類語 宿願・悲願

いつも心にかけて望み願うこと。

本懐《ほんかい》
本願

●選手はこのコース一番の難所を（ 突破 ）した。

□ 154 念力

一心に思いを込《こ》めることによって湧《わ》いてくる力。

精神力

●諸問題の（ 根源 ）をはっきりさせるべきだ。

□ 155 無心

類語 純粋《じゅんすい》・無邪気《むじゃき》

心に迷いや欲のないこと。邪念のないこと。人に金品をねだること。

無邪気→485
明鏡止水

●地震《じしん》の（ 予知 ）は難しい。

□ 156 予知

類語 予見

物事が起こる前にそれを知ること。

予知能力
予知夢
予感

●（ 念願 ）がかなって、志望校に合格する。

157 因《いん》縁《ねん》

言葉 因《いん》縁《ねん》　類語 宿縁《しゅくえん》

意味 **定められた運命**。宿命的な関係。縁。

関連 運命→150　ゆかり→160　因縁試合

158 真理

言葉 真理　類語 真実・原理

意味 **本当のこと**。正しい道理。必ず通用する普遍《ふへん》の法則や事実。

関連 原理→50　摂理《せつり》→95　本質→129

159 神秘

言葉 神秘　類語 超《ちょう》自然・謎《なぞ》

意味 人間の知恵《ちえ》では**はかり知ることのできない**こと。

関連 神秘性

160 ゆかり

言葉 ゆかり　類語 縁《えん》・縁故

意味 何かの**つながり**や**関係**があること。

関連 因縁《いんねん》→157　絆《きずな》　よしみ

161 口《く》伝《でん》

言葉 口《く》伝《でん》　類語 口授

意味 秘伝などを**口頭**で教えること。

関連 伝授

162 犠《ぎ》牲《せい》

言葉 犠《ぎ》牲《せい》　類語 いけにえ・代償《だいしょう》

意味 目的のために身命をささげて**尽《つ》くす**こと。自分の意志でなく命を失うこと。

関連 貢献《こうけん》→202　犠牲者

用例 （　）に上の言葉のどれかを入れましょう。

- 双子座《ふたござ》流星群は、（神秘）的な天体ショーだった。
- この両チームによる決勝戦は、（因縁）の対決だ。
- 戦争の（犠牲）となった人々に祈《いの》りをささげた。
- 店に代々伝わるスープのつくり方を（口伝）で残す。
- 彼《かれ》は（真理）の探求に余念がない。
- 法然上人《ほうねんしょうにん》（ゆかり）の寺に参る。

□ 163 経済

金銭のやり繰《く》り。生産、流通、消費などに関わるすべての社会的な活動。

赤字→182
自由経済
経済成長

●新たな産業の（台頭）で、経済が活性化する。

□ 164 コミュニケーション

言語などによる感情や思考の伝達。通信。報道。

マスコミュニケーション

●体育祭の（収穫）は、クラスの団結力が強まったことだ。

□ 165 収《しゅう》穫《かく》

類語 刈《か》り入れ

農作物を取り入れること。良い成果。

獲《え》物《もの》→100
収穫物
収穫祭

●政府の（経済）政策に期待が集まる。

□ 166 出資

類語 投資・融《ゆう》資《し》

事業などに必要となる資金を出すこと。

援《えん》助《じょ》→187
投資→264
共同出資

●（コミュニケーション）能力を養う必要がある。

□ 167 台頭

類語 登場

世の中である勢力が伸《の》びて、進出してくること。

デビュー
新興

●（ウェブ）デザイナーという仕事に就《つ》く人が増加している。

□ 168 ウェブ

インターネット上で情報を提供する仕組み。「ワールド・ワイド・ウェブ」の略。

アクセス→283
ウェブサイト

●新しいプロジェクトに賛同して（出資）する。

番号	言葉	類語	意味	関連
169	主流	本流	思想や学説などの中心的な勢力。	多数決→210 主流派
170	利便性	好都合	都合の良さ。便利さ。	重宝
171	媒《ばい》体《たい》		情報が伝わり広がるなかだちをするもの。メディア。	媒介《ばいかい》→224 メディア→299
172	少子化		子ども世代の数が少なくなること。	少子高齢《こうれい》化社会
173	樹立	確立	それまでなかったものを作り上げること。打ち立てること。しっかりした状態にすること。	金字塔《きんじとう》
174	ライセンス	認可	許可。免許《めんきょ》。また、それを説明する文書。	認可《にんか》→199 資格 ライセンス契約《けいやく》

用例　（　）に上の言葉のどれかを入れましょう。

- 世界記録を破り、ついに新記録を（　樹立　）した。
- 将来のために、（　少子化　）問題は対策を急ぐべきだ。
- 客の（　利便性　）を第一に考えて商品を企画《きかく》する。
- ダイビングの（ライセンス）を取得する。
- 言語や記号を（　媒体　）として、人はコミュニケーションをとる。
- この問題については、前者の意見の方が（　主流　）になっている。

□ 175 規《き》範《はん》

類語 規律・模範

行動や判断の**基準**。手本。モデル。

模範《もはん》→1288
典型
物差し

●過剰《かじょう》な（ 干渉 ）で、本人のやる気がなくなってしまった。

□ 176 干《かん》渉《しょう》

類語 お節介《せっかい》・手出し

他人のことに立ち入って、**口出し**をしたり自分の考えを押《お》しつけたりすること。

無干渉
三国干渉

●異文化への（ 偏見 ）は捨てるべきだ。

□ 177 偏《へん》見《けん》

類語 色眼鏡《いろめがね》・先入観

偏《かたよ》った見方や考え方。

先入観→141
色眼鏡で見る→1105
固定観念

●その社会の（ 規範 ）に沿って行動する。

□ 178 合理的

類語 理詰《りづ》め

理屈《りくつ》にかなって**無駄《むだ》がない**さま。能率的なさま。

論理的

●（ 画一的 ）な教育では、子どもの多様性を損《そこ》なう。

□ 179 画《かく》一《いっ》的《てき》

類語 均一・均質

物事が**一様**にそろっていること。型にはまったさま。

ステレオタイプ→455
似たり寄ったり
均等

●ここは（ 閑静 ）な住宅街だ。

□ 180 閑《かん》静《せい》

類語 静寂《せいじゃく》・静粛《せいしゅく》

物静かなさま。ひっそりとしたさま。

沈静《ちんせい》

●彼《かれ》の（ 合理的 ）な考え方には驚《おどろ》かされる。

言葉

□ 181 和解
類語 和睦《わぼく》

□ 182 赤字
類語 マイナス

□ 183 悪循環《あくじゅんかん》
類語 負の連鎖《れんさ》

□ 184 拘《こう》束《そく》
類語 束縛《そくばく》

□ 185 崩《ほう》壊《かい》
類語 瓦解《がかい》

□ 186 家《いえ》柄《がら》
類語 家格

意味

181 争いをやめ、**仲直りする**こと。

182 **支出が収入より多い**こと。⇔黒字

183 互《たが》いに**悪い影響《えいきょう》**を与《あた》え合い、悪化し続ける状態。

184 捕《と》らえて行動や判断の**自由を奪《うば》ったり制限したりする**こと。

185 **崩《くず》れる**こと。壊《こわ》れてしまうこと。

186 ある家が認められてきた**社会的地位**。名家《めいか》。

関連

181 和平　融和《ゆうわ》→235　妥協《だきょう》

182 経済→163　損失　損害

183 循環→41　どろ沼《ぬま》化

184 束縛→325　拘留

185 雪崩《なだれ》→28　壊滅《かいめつ》→1058　瓦解→1473

186 身内→380　系譜《けいふ》→990　血筋

用例 （　）に上の言葉のどれかを入れましょう。

● 警察が、ついに主犯格の男を（ 拘束 ）した。

● 両者の（ 和解 ）は、実現が難しい。

● 財政（ 赤字 ）が年々ふくらむ。

● 長い年月をかけて作り上げた秩序《ちつじょ》の（ 崩壊 ）が加速する。

● 彼《かれ》のふるまいを見れば、（ 家柄 ）の良さがわかる。

● 貧困《ひんこん》と病気の（ 悪循環 ）を断《た》ち切りたい。

基本語
第1章
第2章
第3章
第4章
第5章
第6章
第7章
第8章
第9章

□ 187 援《えん》助《じょ》

類語 救援・後援

助けること。助勢すること。バックアップ。

出資→166
支援
補助

□ 188 根絶やし

類語 根絶

何も残らないようにすっかりなくしてしまうこと。

絶滅《ぜつめつ》→99

□ 189 福《ふく》祉《し》

類語 福利

幸福な生活の環境《かんきょう》。公的サービスによる生活の安定、充足《じゅうそく》を図《はか》ること。

社会福祉

□ 190 要因

類語 理由・要素・一因

物事が生じた、主要な原因。

由来→132
所以《ゆえん》→142
因果→430

□ 191 弁護

類語 擁護《ようご》

その人の利益になることを主張し助けること。その人の立場を守ること。

擁護→1079
弁護士
弁明

□ 192 画期的

類語 前代《ぜんだい》未聞《みもん》

次の時代が始まる区切り。今までになかったことをすることで、新しい時代を開くさま。

前代未聞→938
草分け→1109
先駆者《せんくしゃ》→1115

- 不正を（根絶やし）にする。
- 途《と》上国《じょうこく》への（援助）を惜《お》しまない。
- 北欧《ほくおう》諸国は、（福祉）政策に力を入れている。
- 問題解決のため、さまざまな（要因）を考えるべきだ。
- 彼《かれ》の発見は、実に（画期的）なものだった。
- 彼の言っていることは間《ま》違《ちが》っていないと（弁護）する。

	言葉	意味	関連
193	政界	政治の世界。政治家特有の社会。	保守的→223 学界 財政界
194	グローバル	世界的な規模であるさま。地球全体にかかわるさま。	国際的 グローバル化
195	組織 類語 体系・体制	ある働きをするために、人や物が集まること。また、集まったもの。	組閣→197 組織化 組織図
196	形勢 類語 状況《じょうきょう》	なりゆき。その時々の様子。また、優劣《ゆうれつ》の状態。情勢。	趨勢《すうせい》→1423 形勢不利 形勢逆転
197	組閣	内閣を組織すること。	組織→195 閣議 閣僚《かくりょう》
198	任意 類語 随意《ずいい》・恣意《しい》	その人の思いに任せること。	任意保証 無作為《むさくい》 ランダム

用例 （ ）に上の言葉のどれかを入れましょう。

- （ 政界 ）と財界に顔の利《き》く学者。
- 記名の有無《うむ》は（ 任意 ）だ。
- 宇宙開発を進めるために、委員会が（ 組織 ）された。
- 試合の終了《しゅうりょう》間際《まぎわ》になって、（ 形勢 ）が変わった。
- 環境《かんきょう》問題は（グローバル）な視点で捉《とら》えるべきだ。
- 総理大臣は、一夜明けて（ 組閣 ）人事を発表した。

□ 199 認《にん》可《か》

類語 許可

役所などで事柄《ことがら》を**認めて許す**こと。

ライセンス→174
無認可
承認

□ 200 任務

類語 義務・責務・本分

果たすべき**務め**。

責務→214
本分→387
職務

□ 201 任命

類語 任用・起用

役目につくように**命ずる**こと。

指名
任命権
任命式

□ 202 貢《こう》献《けん》

類語 寄与《きよ》

あることのために**力を尽《つ》くし**て、役に立つこと。

犠牲《ぎせい》→162
寄与→1049
社会貢献

□ 203 顧《こ》問《もん》

団体や社会などで、相談を受け、**意見を述べる役**。また、その人。

オピニオン→228
顧問弁護士
相談役

□ 204 採決

類語 議決・票決

議案の**可否を決める**こと。

多数決→210
却下《きゃっか》→335
可決

- 部活の（ **顧問** ）が部員を集合させる。
- 大臣を（ **任命** ）するのは、総理大臣である。
- （ **任務** ）として、災害救助に向かう。
- 新薬に、ようやく国の（ **認可** ）が下りた。
- 与《よ》党《とう》は、国会での（ **採決** ）を急いだ。
- 社会に（ **貢献** ）する気持ちを持ち続けよう。

□ 205 審議《しんぎ》

言葉：審《しん》議《ぎ》

類語　評議・協議

意味：会議で事情などを詳《くわ》しく調べ、その可否を**検討すること**。

関連：審議会　会談

□ 206 経歴

言葉：経　歴

類語　履歴《りれき》

意味：**これまでにしてきた事柄《ことがら》**。特に、学業・職業・地位などに関する事柄。

関連：学歴　職歴

□ 207 枠組み

言葉：枠《わく》組《ぐ》み

意味：物事の**大まかな仕組み**や輪《りん》郭《かく》。

関連：骨格

□ 208 マニュアル

言葉：マニュアル

類語　ハンドブック

意味：**手引書**。取り扱《あつか》い説明書や手順書など。便覧。

関連：マニュアル化

□ 209 推薦

言葉：推《すい》薦《せん》

類語　推奨《すいしょう》・推挙

意味：優《すぐ》れていると思うものを他人に**すすめる**こと、紹介《しょうかい》すること。

関連：紹介→372　推挙→1471　推薦状

□ 210 多数決

言葉：多数決

意味：会議などで、賛成者の**数の多いほう**に決定すること。

関連：主流→169　採決→204

用例

（　）に上の言葉のどれかを入れましょう。

- これまで活躍《かつやく》してきた（　**経歴**　）を生かして、新規事業を立ち上げる。
- ようやく、プロジェクトの（　**枠組み**　）ができあがった。
- 国会の（　**審議**　）が長引いている。
- （　**多数決**　）によって選ばれた代表者。
- 校長先生の（　**推薦**　）で、コンクールに応募《おうぼ》した。
- （**マニュアル**）に従って部品を組み立てる。

□ 211

縮小

類語 凝縮《ぎょうしゅく》・収縮

ものの規模や大きさを**小さく縮める**こと。⇔拡大

圧縮→97
削減《さくげん》→253

●この不況《ふきょう》で、事業を（ **縮小** ）する。

□ 212

ポピュラー

一般的《いっぱんてき》。広く知られていて人気のあるさま。大衆的。

普遍《ふへん》→128
大衆→298
有名

●この音楽は、日本では（**ポピュラー**）なものだ。

□ 213

請《せい》求《きゅう》

受け取ることを当然の権利として他者に**要求する**こと。

請求書
要請
要望

●教育者の（ **責務** ）はかなり重い。

□ 214

責務

類語 任務

責任と義務。**自分の責任**で果たさなければならないこと。務め。

任務→200
本分→387
使命

●（**断続的**）に議論が続けられる。

□ 215

断続的

類語 途切《とぎ》れ途切れ

時々途絶えながら、物事が進行すること。

継続《けいぞく》

●平清盛《たいらのきよもり》は福原《ふくはら》に（ **遷都** ）した。

□ 216

遷《せん》都《と》

都を他の地に**移動する**こと。

遷宮《せんぐう》

●相手に損害賠償《そんがいばいしょう》を（ **請求** ）する。

□ 217 **断念**

類語 思い切る・観念

意味 しようと思っていたことを**あきらめる**こと。

関連 往生際《おうじょうぎわ》

□ 218 **秩《ちつ》序《じょ》**

意味 **物事の正しい順序**。社会が調和を保つためのきまり。

関連 平和　規律

□ 219 **難局**

類語 窮《きゅう》地《ち》・非常時

意味 対処するのが**困難**な状態。

関連 暗礁《あんしょう》→7　難航→1033　受難→1411

□ 220 **ライフライン**

意味 **生命・生活を維持《いじ》**するために不可欠な水道・電気・ガス・通信などの施設《しせつ》。命綱《いのちづな》。

関連 インフラ→1018　生命線

□ 221 **提《てい》訴《そ》**

類語 訴訟《そしょう》・起訴

意味 **裁判をすることを申し出る**こと。

関連 紛争→330

□ 222 **統《とう》率《そつ》**

類語 引率

意味 多数の人を**まとめ、率いる**こと。

関連 統率力　統率者　指揮

用例 （　）に上の言葉のどれかを入れましょう。

● 社会の（　秩序　）を保つ努力は必要だ。

● 一度（　提訴　）したが、理由も言わず取り下げる。

● （　難局　）を乗り切るために、首脳が知恵《ちえ》をしぼる。

● 災害において、（ライフライン）の復旧が急がれた。

● 部長がリーダーシップを発揮して、部員を（　統率　）する。

● 嵐《あらし》に見舞《みま》われ、彼《かれ》は、登頂を（　断念　）した。

基本語
第1章
第2章
第3章
第4章
第5章
第6章
第7章
第8章
第9章

□ 223 保守的

古くからの制度や考え方を尊重し守るさま。⇔革新的・進歩的

政界→193
保身→231

●（ 駐留 ）していた外国人部隊が引き揚《あ》げる。

□ 224 媒《ばい》介《かい》

類語 仲介《ちゅうかい》・仲立ち

二つのものの間で、関係をとりもつこと。

媒体→171
仲介→254
介在

●（ 保守的 ）な考え方で行動する。

□ 225 締《てい》結《けつ》

類語 妥結《だけつ》

条約や契約《けいやく》などを結ぶこと。

成約
約定

●子どもの人権（ 保障 ）についての国連決議案が示される。

□ 226 駐《ちゅう》留《りゅう》

類語 進駐・駐屯《ちゅうとん》

軍隊がある一定の期間、ある土地に滞在《たいざい》すること。

駐留軍
駐留地

●彼《かれ》は（オピニオン）リーダーとしての資質がある。

□ 227 保障

外からの危害がないよう守ること。

リスク→329
保証→377
安全保障

●条約の（ 締結 ）に向けた国際会議を開く。

□ 228 オピニオン

意見。世論。

顧問《こもん》→203
セカンドオピニオン

●昆虫《こんちゅう》の（ 媒介 ）によって、果実が実る。

言葉 / **意味** / **関連**

□ 229
変《へん》遷《せん》
類語 変転・推移・流転《るてん》

意味：時間の経過とともに**移り変わる**こと。

関連：流転→976　変化　変動

□ 230
補《ほ》償《しょう》
類語 賠償《ばいしょう》・弁償

意味：損失などを**償《つぐな》う**こと。

関連：賠償→334　損害賠償　代償

□ 231
保身
意味：自分の地位や**身分などを守る**こと。

関連：エゴイズム→137　保守的→223　自己保身

□ 232
水増し
意味：実質より**見かけを増やす**こと。

関連：水増し予算

□ 233
理念
類語 観念

意味：物事のあり方に対する**基本的な考え**。

関連：価値観→115　信念→715　概念《がいねん》

□ 234
優先
類語 優遇《ゆうぐう》

意味：他のものより**先に扱《あつか》う**こと。

関連：優先順位　特待　先決

用例　（　）に上の言葉のどれかを入れましょう。

- 研究費の（ 水増し ）請求《せいきゅう》が発覚した。
- 自分の（ 保身 ）しか考えない人は尊敬できない。
- 事故の（ 補償 ）金が支払《しはら》われた。
- 歴史の（ 変遷 ）をたどってみよう。
- （ 優先 ）して議論すべき問題を考える。
- 志望校が掲《かか》げている教育（ 理念 ）を調べる。

□ 235
融《ゆう》和《わ》
類語 融合

相手と**打ち解けて仲良くする**こと。

融合→53
溶解→57
和解→181

●未発表の著作の一部を、新たな作品に（ 流用 ）する。

□ 236
民意
類語 民心・民情

人々の考えや気持ち。国民全体の意見。

動向→263
風潮→388
世論

●両者の見事な（ 連携 ）プレーによって、問題が解決した。

□ 237
培《つちか》う
類語 育《はぐ》む

能力や性質を養い**育てる**。

育成
養成

●（ 民意 ）を反映させた政治を望む。

□ 238
バリアフリー

障壁《しょうへき》がないこと。高齢《こうれい》者や障害者が生活するうえで、支障がないように作られたもの。

バリアフリー住宅

●平和を目指し、敵対勢力との（ 融和 ）を図《はか》る。

□ 239
流用
類語 転用

あるものを**別の目的のために使用する**こと。

転用→364
他用
通用

●駅などの公共施設《しせつ》の（バリアフリー）化は、緊急《きんきゅう》課題だ。

□ 240
連《れん》携《けい》
類語 協力・提携

同じ目的を持った者同士が、連絡《れんらく》を取り合って**一緒《いっしょ》に物事をする**こと。

連帯→241
結合

●若い頃《ころ》に（ 培っ ）た経験を生かす。

言葉 / 意味 / 関連

□ 241 連帯

意味　複数の者が一緒《いっしょ》に行動し、ともに責任を持つこと。

関連　連携《れんけい》↓240　連係

□ 242 論争

類語　論戦

意味　互《たが》いに異なった意見を主張し、言い争うこと。

関連　せめぎあう↓303　ディベート↓383　論判

□ 243 営利

類語　利潤《りじゅん》追求

意味　利益を得るために活動すること。

関連　企業《きぎょう》↓252　営利会社　営利事業

□ 244 格差

類語　較差《かくさ》

意味　物の値打ちや生活程度などの差。

関連　格差社会　貧富《ひんぷ》の差

□ 245 供給

意味　要求に応じて物を与《あた》えること。⇔需要《じゅよう》

関連　需要↓256

□ 246 プロジェクト

類語　プラン

意味　新しいものを考え出し実用化するための、研究や事業の計画。

関連　立案↓292　プロジェクトチーム

用例　（　）に上の言葉のどれかを入れましょう。

● 国民の間で、生活水準の（ 格差 ）が拡大している。

● 感情的な（ 論争 ）にならないよう、冷静な議論を心がけよう。

● 文化祭に向け、クラス全体の（ 連帯 ）感が強まる。

● 需要《じゅよう》が多くて、（ 供給 ）が間に合わない。

● （ 営利 ）を目的とした組織を運営する。

● この（プロジェクト）のリーダーは君しかいない。

□ 247

好転

類語 向上・改善

状態や状況《じょうきょう》が**よい方向に転じる**こと。⇔悪化

転化→94
上り調子

●戦後、民主化のため（ **財閥** ）が解体された。

□ 248

購買《こうばい》

類語 購入・仕入れ

買い入れること。

消費
購買力
購買部

●規制（ **緩和** ）により、都市郊外《こうがい》に大型店がふえた。

□ 249

末席

類語 下座

一番**低い地位**の者が座《すわ》る席。
⇔上席・上座

末席をけがす

●苦労したかいあって、少しずつ事態が（ **好転** ）し始めた。

□ 250

財閥《ざいばつ》

大資本家の一族。それを中心に結びついた企業《きぎょう》集団。

新興財閥
財閥解体

●人々の（ **購買** ）意欲を刺激《しげき》する商品。

□ 251

緩和《かんわ》

類語 軽減

きびしい状態を**ゆるめる**こと。和《やわ》らげること。

緊張《きんちょう》緩和
金融《きんゆう》緩和

●（ **企業** ）の社会的責任が問われる。

□ 252

企業《きぎょう》

類語 会社

生産やサービスなどによって利益を追求する**経済的組織**。

営利→243
一般《いっぱん》企業
民間企業

●祝宴《しゅくえん》の（ **末席** ）を占《し》めることになった。

□ 253

言葉 削《さく》減《げん》

類語 節減

意味 **削《けず》って減らす**こと。カット。

関連 圧縮→97　節電→101　縮小→211

□ 254

言葉 仲《ちゅう》介《かい》

類語 仲立ち・媒介《ばいかい》

意味 **人の間に立って**、話を聞いたりまとめたりすること。

関連 媒介《ばいかい》→224　仲介会社　仲介貿易

□ 255

言葉 帳《ちょう》簿《ぼ》

類語 台帳

意味 **金品の出し入れ**などを記入する帳面。

関連 簿記→282　出納《すいとう》→304

□ 256

言葉 需《じゅ》要《よう》

意味 **必要として求める**こと。市場から商品を買い取ろうとする欲求。⇔供給

関連 供給→245　購買《こうばい》→248

□ 257

言葉 譲《じょう》渡《と》

類語 委譲・譲与《じょうよ》

意味 権利、財産、地位などを**譲《ゆず》り渡《わた》す**こと。

関連 遺言《ゆいごん》→122　相続

□ 258

言葉 精算

類語 決済・決算

意味 最終的な金額などを細かく**計算する**こと。

関連 清算→296　出納《すいとう》→304　精算所

用例 （　）に上の言葉のどれかを入れましょう。

- まだ、旅費の（　精算　）がすんでいない。
- コストの（　削減　）が目下の目標だ。
- 業者の（　仲介　）でマンションを借りる。
- 金の出し入れについて（　帳簿　）をつける。
- 財産を子どもに（　譲渡　）する。
- 冬季は灯油の（　需要　）がはね上がる。

259 蓄《ちく》積《せき》

類語 積み重ね・累積《るいせき》

たくわえ。金品などをたくわえること。たまること。

堆積《たいせき》→81
貯蓄

●新しい事業のために（投資）する。

260 搾《さく》取《しゅ》

類語 収奪《しゅうだつ》

労働者を安い賃金で働かせ、利益を独り占《じ》めすること。

中間搾取

●お互《たが》いの信頼《しんらい》関係の（蓄積）が重要だ。

261 ボランティア

奉仕者。自分から進んで社会事業などに無償《むしょう》で参加する人。

利他→752
有志

●地主が小作人から（搾取）する。

262 手形

ある金額を支払《しはら》うことを約束した証書。

為替《かわせ》手形
証券

●貿易相手国の（動向）を探《さぐ》る。

263 動向

類語 情勢・趨勢《すうせい》・風潮

人や物、事態、世の中などの動き。また、動いていく方向。

民意→236
風潮→388
趨勢→1423

●銀行で、（手形）を現金化する。

264 投資

類語 投下・出資

利益を得るために事業などに資金を出すこと。

出資→166
先行投資
株式投資

●（ボランティア）活動に積極的に参加する。

番号	言葉	類語	意味	関連
265	入用	必須《ひっす》	必要な費用。必要なこと。「入り用」とも言う。	必要経費 コスト
266	年俸《ねんぽう》	年給	一年分の報酬《ほうしゅう》。年ごとの給与《きゅうよ》。	年収
267	納税		税金を納付すること。	免税《めんぜい》→268 徴収《ちょうしゅう》 税収
268	免税《めんぜい》		税金の納付義務を免除すること。	納税→267
269	中枢《ちゅうすう》	中核《ちゅうかく》・機軸《きじく》	物事の中心となる部分。根本。	枢軸→1446 中枢神経
270	落札	競《せ》り落とし	競争入札の結果、権利を手に入れること。	競売

用例 （　）に上の言葉のどれかを入れましょう。

- 政治の（　中枢　）にいる人物に話を聞く。
- ゴッホの絵画を富豪《ふごう》が（　落札　）する。
- プロのスポーツ選手は、（　年俸　）制が一般的《いっぱんてき》だ。
- （　納税　）は国民の義務だ。
- （　免税　）店で時計を買う。
- 開業資金の（　入用　）な人は、申し出てほしい。

□ 271 **濫《らん》(乱)用《よう》**

みだりに用いること。

転用→364
悪用
職権濫用

□ 272 **利害**

類語 得失

得と損。利益と損失。

出納《すいとう》→304
利害一致《りがいいっち》
利害得失

□ 273 **両《りょう》替《がえ》**

ある貨幣《かへい》を別の貨幣と**取り替《か》える**こと。エクスチェンジ。

両替機
両替所

□ 274 **量産**

同じ規格の商品を**大量に生産**すること。「大量生産」の略。

物質的
経済成長
工業化

□ 275 **適任**

類語 適役・はまり役

任務に**適している**こと。また、能力に適した任務。

適材適所

□ 276 **プレゼンテーション**

計画や意見を**提示**、**説明**、**発表**すること。【略】プレゼン

プレゼンター

●互《たが》いの（ 利害 ）が一致《いっち》する。

●一万円札を、千円札十枚に（ 両替 ）する。

●権力の（ 濫用 ）は慎《つつし》むべきだ。

●この仕事には、彼《かれ》が（ 適任 ）だろう。

●明日、会社で（プレゼンテーション）があるので、今夜中に準備しよう。

●新技術を導入した工業製品の（ 量産 ）態勢が整った。

言葉　意味　関連

277 稼《か》働《どう》（動）
類語 操業

機械を動かすこと。生産に従事すること。

操業→301

278 労災

「労働災害」または「労働者災害補《ほ》償《しょう》保険」の略。

雇《こ》用《よう》→290
自然災害

279 対象
類語 客体

めあて。目標や目的とするもの。ターゲット。

矛《ほこ》先《さき》
的

280 バッシング
類語 批判・中傷

激しく非難したり、攻《こう》撃《げき》したりすること。

批判→551
中傷→562

281 容疑
類語 嫌《けん》疑《ぎ》・疑《ぎ》惑《わく》

罪を犯《おか》したのではないかという疑い。

被《ひ》疑《ぎ》者《しゃ》

282 簿《ぼ》記《き》
類語 会計

経理上の必要事《じ》項《こう》を整理し計算する制度および記入する様式。

帳簿→255
出《すい》納《とう》→304

用例　（　）に上の言葉のどれかを入れましょう。

- 職務中のけがで（ 労災 ）が認定される。
- 工場の（ 稼働 ）を一時停止する。
- かけられた（ 容疑 ）を否《ひ》認《にん》する。
- 中学生を（ 対象 ）としたアンケートに答える。
- （ 簿記 ）の勉強を始める。
- 不正を働いた企《き》業《ぎょう》への（バッシング）が激化する。

□ 283 アクセス

類語 接触《せっしょく》

接近。コンピューター内での**接続**。交通手段の連絡《れんらく》。

ウェブ→168

●若者の（ 実態 ）を詳《くわ》しく調査する。

□ 284 立《りっ》脚《きゃく》

類語 足場・土台

よって立つ場、**よりどころ**を定めること。

依存《いそん》→492
依拠《いきょ》

●ガラスを割って、（ 弁償 ）を求められた。

□ 285 更《こう》生《せい》

類語 改心・改悛《かいしゅん》・矯正《きょうせい》

正しく**悔《く》い改める**こと。

矯正《きょうせい》→355
自力更生

●経験に（ 立脚 ）した手堅《てがた》い企画書《きかくしょ》。

□ 286 実態

類語 ありさま・実情

ありのままの状態。

本質→129
本性《ほんしょう》
実態調査

●少年を（ 更生 ）させる施設《しせつ》を見学する。

□ 287 潔白

心や行動に後ろ暗いところがなく、**正しい**こと。

青天白日
清廉潔白《せいれんけっぱく》

●ホームページに（アクセス）する。

□ 288 弁《べん》償《しょう》

類語 賠償《ばいしょう》・代償

損害を与《あた》えたことに対し、**つぐなう**こと。

補償→230
賠償→334

●身の（ 潔白 ）を証明するのは難しい。

番号	言葉	意味	関連
□ 289	エコビジネス	地球環境《かんきょう》の保護につながる商品やサービスを扱《あつか》う事業。	節電→101 エコロジー→102
□ 290	雇《こ》用《よう》 類語 採用	人を雇《やと》うこと。	労災→278 雇用主 雇用保険
□ 291	要《よう》項《こう》 類語 摘要《てきよう》	必要な事項。また、それをまとめたもの。	パンフレット
□ 292	立案 類語 企画《きかく》・起案	計画を立てたり案をつくったりすること。	プロジェクト→246
□ 293	タウンミーティング	政治家と市民の対話集会。	オピニオン→228
□ 294	流《る》罪《ざい》 類語 島流し	罪人を都や幕府から遠く離《はな》れた辺地や島に送る刑《けい》。	懲役《ちょうえき》→384

用例 （　）に上の言葉のどれかを入れましょう。

- 大学の入試の（要項）を取り寄せる。
- もっと（タウンミーティング）を盛んにして、政治を身近なものにしたい。
- 新しい都市計画を（立案）する。
- 環境《かんきょう》保全を目指す（エコビジネス）が拡大している。
- （流罪）となり、遠くの土地に送られた者もいた。
- 若者の（雇用）を拡大すべきだ。

□ 295 号外

新聞社などが重大事件を**早く報道する**ため、**臨時に**発行する新聞。

□ 296 清算

類語 決済・御破算《ごはさん》

過去の関係に**結着**をつけること。貸し借りの**後始末**。

精算→258
御破算→1428
けりをつける

□ 297 割《わり》高《だか》

同等の他のものと比べて**高い**こと。⇔割安

相対→130

□ 298 大衆

類語 一般人《いっぱんじん》・民衆

一般庶民《しょみん》。多数の人々。

ポピュラー→212
大衆文化
大衆食堂

□ 299 メディア

媒体《ばいたい》。手段。特に**マスコミュニケーションの媒体**。

媒体→171

□ 300 掲《けい》載《さい》

類語 登載・記載

新聞や雑誌などの出版媒体《ばいたい》に**文章や写真をのせる**こと。

掲載誌

●過去の関係を（ **清算** ）する。

●新聞に企業《きぎょう》業績が（ **掲載** ）される。

●（ **大衆** ）受けのする話題を取り上げる。

●複数の（**メディア**）に取り上げられる。

●（ **割高** ）感のある商品は売れ残る。

●日本人選手が金メダルを獲得《かくとく》したので、（ **号外** ）が出た。

	言葉	類語	意味	関連
301	操業	運営・製造・稼働《かどう》	機械などを操作して仕事をすること。	稼働《かどう》→277
302	効率	能率	一定の時間内での仕事や作業のはかどり具合。	効率的 効率化
303	せめぎあう	拮抗《きっこう》する・競《せ》り合う	互《たが》いに争うこと。	論争→242
304	出《すい》納《とう》	会計・経理	金銭や物品の出し入れ。	帳簿《ちょうぼ》→255 精算→258 簿記《ぼき》→282
305	コミュニティー	つながり・交流関係	地域社会。共同体。共同生活を営む一定の地域、その集団。	
306	ダメージ	損傷・打撃《だげき》	損害。痛手。	

用例　（　）に上の言葉のどれかを入れましょう。

- 役所の（　出納　）係の責任は重い。
- 災害で（　操業　）が困難な会社が増える。
- 多くの会社が、不況《ふきょう》で大きな（ダメージ）を受けた。
- 地域（コミュニティー）の崩壊《ほうかい》を何としても防がなくてはならない。
- （　効率　）重視の政策に反対する。
- 改革派と保守派が（せめぎあう）。

□ 307 創業

類語 開業

事業を新しく始めること。

創業者
始業

□ 308 縮図

類語 象徴《しょうちょう》

あるものの本質がよく現れているもの。

比喩《ひゆ》

□ 309 欧《おう》米《べい》

類語 西欧

欧羅巴(ヨーロッパ)と亜米利加(アメリカ)。西洋。

欧米人
欧米化

□ 310 管《かん》轄《かつ》

類語 所管・担当

与《あた》えられた権限によって支配すること。また、その支配の及《およ》ぶ範囲《はんい》。

領域→30
藩主《はんしゅ》→1445

□ 311 和議

仲直りをするための相談や会議。

和解→181
講話
和睦《わぼく》

□ 312 黙《もく》認《にん》

類語 目をつぶる

黙《だま》って認めること。見逃《みのが》すこと。

暗黙→340
容認

● (創業)期の勢いを維持《いじ》する企業《きぎょう》。

● ここは国が(管轄)する土地だ。

● このような悪行は(黙認)できない。

● この村は高齢化《こうれいか》社会の(縮図)だといえる。

● 敵国に(和議)を申し出る。

● (欧米)諸国の教育予算は豊かだ。

313 暴《ばく》露《ろ》
類語　発覚・露見・他言

意味　秘密や悪事などが**あばかれて明るみに出る**こと。

関連　密告→326　発覚→346　他言→369

314 はびこる
類語　蔓延《まんえん》する・横行する

意味　好ましくないものが**盛《さか》んになって広がる**さま。

関連　横行→1055　蔓延→1073　のさばる

315 妨《ぼう》害《がい》
類語　阻《そ》止《し》・防止

意味　**妨《さまた》げ**、邪《じゃ》魔《ま》をすること。

関連　営業妨害　業務妨害

316 暴動
類語　騒動《そうどう》・事変

意味　集団で**暴力的**に社会を乱すこと。

関連　物騒→328　紛争《ふんそう》→330　謀反《むほん》→1041

317 排《はい》除《じょ》
類語　除外・排他・撤去《てっきょ》

意味　押《お》しのけて**除く**。

関連　撤去→363　排他的→1307

318 破《は》棄《き》
類語　撤回《てっかい》・反故《ほご》

意味　**破って捨てる**こと。約束を取り消すこと。

関連　撤回→354　反故《ほご》→1034

用例
（　）に上の言葉のどれかを入れましょう。

- 海外で（　暴動　）が発生した様子がニュースで報じられる。
- 地道な取材活動により、ついに不正が（　暴露　）された。
- （　妨害　）電波を傍受《ぼうじゅ》した。
- 使い方を誤った日本語表現が（はびこる）。
- 異文化を（　排除　）するだけでは平和は築けない。
- 相手が一方的に契約《けいやく》を（　破棄　）してきた。

□ 319

破局

類語 終焉《しゅうえん》

今の状態を維持《いじ》できなくなること。悲惨《ひさん》な結末。

□ 320

密会

類語 逢引《あいび》き

こっそりと会うこと。男女がひそかに会うこと。

内密→374
密会所
密会現場

□ 321

不祥事《ふしょうじ》

類語 不始末

好ましくない事件。忌《い》まわしい事件。

□ 322

警告

類語 警報・忠告

前もってする注意。他人を戒《いまし》めること。

戒《いまし》める→625

□ 323

遮断《しゃだん》

類語 閉鎖《へいさ》・封鎖《ふうさ》

遮《さえぎ》って、流れを止めること。ブロック。

封鎖《ふうさ》→327
閉鎖→337

□ 324

産物

類語 物産・土産《みやげ》

その土地で産出される品。ある事柄《ことがら》から、結果として生まれ出たもの。

因果→430
申し子

- 自然災害によって、電気や水道が（ 遮断 ）される。
- この合意は妥協《だきょう》の（ 産物 ）だ。
- 事件の鍵《かぎ》を握《にぎ》る二人の人物が、外国で（ 密会 ）していたという目撃《もくげき》情報がある。
- 芸能人同士の（ 破局 ）がニュースになる時代だ。
- （ 不祥事 ）を起こし、会社をクビになる。
- 反則が連続し、審判《しんぱん》から（ 警告 ）が出された。

325 束《そく》縛《ばく》
類語　制約・拘束《こうそく》
意味　行動を制限して**自由を奪《うば》う**こと。縛《しば》ること。
関連　拘束→184

326 密告
類語　内報・たれ込《こ》み
意味　秘密《ひみつ》をひそかに知らせたり、**告発**したりすること。
関連　暴露《ばくろ》→313　発覚→346　内部告発

327 封《ふう》鎖《さ》
類語　閉鎖・遮断《しゃだん》
意味　出入りをさせないように**閉じる**こと。
関連　遮断→323　閉鎖→337

328 物《ぶっ》騒《そう》
類語　危険・不穏《ふおん》
意味　危なくて**何が起こるかわからない**さま。穏《おだ》やかでないさま。
関連　暴動→316　紛争《ふんそう》→330

329 リスク
意味　**損害**を受ける危険。
関連　保障→227

330 紛《ふん》争《そう》
類語　戦争・内乱
意味　利害などをめぐって起きる**争い**。もめごと。
関連　暴動→316　衝突《しょうとつ》→331　波乱→338

用例　（　）に上の言葉のどれかを入れましょう。

- 道路が（ 封鎖 ）されて通行できない。
- どうも（ 物騒 ）な世の中になったものだ。
- （ 密告 ）した者が誰《だれ》かはわからない。
- 中東の（ 紛争 ）地帯にカメラが入った。
- 決まりごとに（ 束縛 ）されるのも善《よ》し悪《あ》しだ。
- 新規事業に（ リスク ）はつきものだ。

□ 331

衝《しょう》突《とつ》

類語 軋轢《あつれき》

ぶつかること。利害や意見などが相反し争うこと。

摩擦《まさつ》→47
紛争《ふんそう》→330
正面衝突

□ 332

見合わせる

類語 見送る・延期する

しばらく様子を見る。時期をみはからう。

温存→352

□ 333

迷走

定まった道筋を通らないで迷うこと。

□ 334

賠《ばい》償《しょう》

類語 補償・弁償

損害を償《つぐな》うこと。

補償→230
弁償→288
代償

□ 335

却《きゃっ》下《か》

類語 不採用・否決

申し立てを退けること。

採決→204

□ 336

列席

類語 参列・臨席

改まった式や会合に出席すること。

参加

●警報が発令され、出航を（見合わせる）。

●発生した損失額の（賠償）を命じられる。

●卒業式に多くの保護者が（列席）する。

●おこづかいの増額を頼《たの》んでみたが、（却下）された。

●長らく政治の（迷走）が続く。

●賛成派と反対派の主張が（衝突）し、合意には至らなかった。

番号	言葉	類語	意味	関連
337	閉《へい》鎖《さ》	封《ふう》鎖《さ》・遮《しゃ》断《だん》	出入り口を**閉じる**こと。施《し》設《せつ》などを閉ざすこと。	遮断→323 封鎖→327
338	波乱	争い	**騒《さわ》ぎ**。ごたごたした**もめごと**。変化のあること。	暴動→316 紛《ふん》争《そう》→330 波乱(瀾《らん》)万丈《ばんじょう》
339	負荷	負担	身に**ひきうけ**、**担《にな》う**こと。	重荷
340	暗《あん》黙《もく》	寡《か》黙《もく》	**黙《だま》っている**こと。	黙認《もくにん》→312 寡《か》黙《もく》→1189 暗黙の了解《りょうかい》
341	有効	有用・有益	**効き目がある**こと。役に立つこと。	効果的 有効期間
342	存亡	興亡・死活	**存続するか、滅《ほろ》びてしまうか**ということ。	存亡の危機 危急存亡

用例　（　）に上の言葉のどれかを入れましょう。

- ノロウイルス感染《かんせん》防止のため、病棟《びょうとう》が（　閉鎖　）される。
- （　暗黙　）のうちに二人の約束は果たされた。
- 国家の（　存亡　）をかけて、戦う。
- お市《いち》の方《かた》の（　波乱　）に満ちた生涯《しょうがい》がドラマ化される。
- 一番（　有効　）な治療法《ちりょうほう》を探す。
- どれだけの（　負荷　）がかかるか計算する。

□ 343 埋《まい》没《ぼつ》

類語 沈没《ちんぼつ》

埋《う》もれて見えなくなること。

日の目を見る →877

●悪事の計画は、実行直前に明るみに出て、（ **未遂** ）に終わった。

□ 344 襲《しゅう》撃《げき》

類語 急襲

不意に攻撃《こうげき》すること。

暴動 →316
襲撃事件
襲撃機

●地中深く（ **埋没** ）した遺跡《いせき》を発掘《はっくつ》する。

□ 345 未《み》遂《すい》

類語 未完

計画しながら**目的に達しないこと**。

傷害未遂
未遂罪

●一度失った（ **名誉** ）を回復することは難しい。

□ 346 発覚

類語 露見《ろけん》・表沙汰《おもてざた》・暴露《ばくろ》

隠《かく》していた罪やたくらみなどが**人に知られる**こと。

暴露 →313
密告 →326
表沙汰

●議員の（ **特権** ）を悪用してはならない。

□ 347 名《めい》誉《よ》

類語 栄誉・栄光

ほまれ。**功績**をたたえあたえられる称号《しょうごう》。体面。

名誉教授
名誉毀損《きそん》
名声

●真夜中に、敵の（ **襲撃** ）を受ける。

□ 348 特権

類語 特典

特定の身分や階級の者が持つ権利。

特権階級

●不正経理が（ **発覚** ）して、会社に訴《うった》えられる。

□ 349

言葉 操《あやつ》る

類語 操作する・操縦する

意味 道具を**うまく使う**こと。他人を思いどおりに動かすこと。

関連 操業→301　コントロール　運転

□ 350

言葉 安否

類語 消息

意味 **無事かどうか**ということ。

関連 安否確認《かくにん》　安否不明

□ 351

言葉 脅《きょう》威《い》

類語 恫喝《どうかつ》・威嚇《いかく》

意味 **おびやかし、おどす**こと。

関連 猛《もう》威《い》→90　威嚇→486

□ 352

言葉 温存

類語 保有・保管

意味 使わないで**大事に保存する**こと。

関連 見合わせる→332

□ 353

言葉 強行

類語 断行

意味 実行が難しいことを**強引《ごういん》に行う**こと。

関連 踏《ふ》み切る　押《お》し通す

□ 354

言葉 撤《てっ》回《かい》

類語 取り下げ・破《は》棄《き》

意味 一度出した**意見などをひっこめる**こと。

関連 破《は》棄《き》→318　前言撤回　廃《はい》止《し》

用例

（　）に上の言葉のどれかを入れましょう。

- 家族の（ 安否 ）が確認《かくにん》できて、安心した。
- 試合に向けて、体力を（ 温存 ）する。
- 独裁者を陰《かげ》で（ 操る ）人物がいるらしい。
- 安易に自分の主張を（ 撤回 ）すべきではない。
- 人質《ひとじち》事件が発生し、（ 強行 ）突入《とつにゅう》が命じられる。
- 独裁国家の暴走に（ 脅威 ）を感じる。

基本語 第1章 第2章 第3章 第4章 第5章 第6章 第7章 第8章

□ 355 矯正《きょうせい》

類語 手直し・更生《こうせい》

欠点を改めさせること。まっすぐに直すこと。

更生《こうせい》→285
調教
しつけ

●武力による（ 統治 ）ではなく、人心をつかむべきだ。

□ 356 追及《ついきゅう》

類語 糾明《きゅうめい》・問責・非難

責任や原因などを問いただすこと。

非難→533
問責→1434
詮索《せんさく》

●パトカーに（ 追跡 ）される。

□ 357 追跡《ついせき》

類語 尾行《びこう》・追尾

逃《に》げる者のあとを追うこと。

追跡調査

●原油価格高騰《こうとう》に（ 便乗 ）した値上げが起こる。

□ 358 帰還《きかん》

もどること。任務を果たして戦地などから帰ること。

帰国
帰省
帰郷

●歯列の（ 矯正 ）のために通院する。

□ 359 統治

類語 治世・征服《せいふく》

国土や国民を支配すること。

牛耳《ぎゅうじ》る→808
君臨→1145
独裁

●疑惑《ぎわく》を（ 追及 ）する。

□ 360 便乗

車や船などに相乗りして行くこと。たくみに機会をとらえて他の行為《こうい》などを利用すること。

かこつける→1482
あやかる

●スペースシャトルが地球へ（ 帰還 ）する。

	言葉	類語	意味	関連
361	物色	捜索《そうさく》・模索《もさく》	適当なものを探し出すこと。	模索→1085
362	遂《と》げる	果たす・まっとうする	したいと思っていたことをやり終える。結果としてそうなる。	まっとうする→365 遂行《すいこう》
363	撤《てっ》去《きょ》	排除《はいじょ》・除去《じょきょ》	建物や置いてある物などを取り払《はら》うこと。	排除→317 削除《さくじょ》
364	転用	流用・再利用・使い回し	本来の目的とは違《ちが》った用途《ようと》にあてること。	流用→239 濫用《らんよう》→271 活用
365	まっとうする	果たす	完全に終わらせる。完全に成し遂《と》げる。	遂《と》げる→362 遂行《すいこう》
366	過保護	温室育ち	子どもなどを大事にし過ぎ、育てること。	蝶《ちょう》よ花よ

用例　（　）に上の言葉のどれかを入れましょう。

- 崩壊《ほうかい》した建物の（　撤去　）が始まる。
- （　過保護　）に育てられると打たれ弱くなる。
- 祖母は天寿《てんじゅ》を（まっとうし）た。
- 目的を（　遂げる　）ためなら何でもする。
- 手頃《てごろ》な家を（　物色　）する。
- 薬の（　転用　）はとても危険だ。

□ 367

節度

類語 節操・けじめ

ちょうどよい程度。ほど。

□ 368

収《しゅう》拾《しゅう》

類語 収束

混乱している物事を**収める**こと。

収束→1037

□ 369

他言

類語 口外・暴露《ばくろ》

内緒《ないしょ》ごとなどを**他人に話す**こと。

暴露→313

□ 370

席《せっ》巻《けん》

他とはかけ離《はな》れた勢いで、**自分の勢力範囲《はんい》内に収めていく**こと。

猛威《もうい》→90

□ 371

共同体

血縁《けつえん》、地縁や人間の意志によって**結合した社会**。コミュニティー。

生活共同体
ヨーロッパ共同体

□ 372

紹《しょう》介《かい》

知らない人どうしを**引き合わせる**こと。未知の物事を広く知らせること。

自己紹介
紹介状
披露《ひろう》

- さまざまな意見が出されて（ 収拾 ）がつかない。
- 高名な先生を（ 紹介 ）される。
- 地域（ 共同体 ）の結束が試《ため》される。
- この件、（ 他言 ）は無用に願います。
- まだ若い作家が、デビュー以来、文学界を（ 席巻 ）している。
- 何事も（ 節度 ）を守ることが大切だ。

番号	言葉	類語	意味	関連
□ 373	世間体《せけんてい》	外聞・体面	世間の人々に対する**受け取られ方**。みえ。	体裁→381
□ 374	内密	秘密裏《ひみつり》・オフレコ	**内緒《ないしょ》**。表沙汰《おもてざた》にしないこと。	密会→320 オフレコ→1025
□ 375	二世		**二代目**。同名の二番目の国王など。	七光り
□ 376	定評	相場・通念	広く一般《いっぱん》に認められている**評判・評価**。	通り相場 信用
□ 377	保証		**間違《まちが》いないこと**。確かであることを責任を持って請《う》け合うこと。	保障→227 補償《ほしょう》→230
□ 378	風説	風評	世間の**うわさ**。	

用例 （　）に上の言葉のどれかを入れましょう。

- （世間体）ばかり気にしていては、自分の良さが伝わらない。
- 彼《かれ》は口が固いという（定評）がある。
- （風説）に惑《まど》わされず、自分の目で見たことを信じよう。
- （内密）のお話があります。
- 今の会社の地位を（保証）するものは何もない。
- 多くの（二世）タレントがテレビに出ている。

基本語
第1章
第2章
第3章
第4章
第5章
第6章
第7章
第8章

□ 379

ホットライン

緊急《きんきゅう》非常用の直通電話。

救急

●（ 体裁 ）を繕《つくろ》っている場合じゃない。

□ 380

身内

類語 肉親・仲間・親族

家族や近い親類。

家柄《いえがら》→186
系譜《けいふ》→990

●両国の首脳は（ホットライン）で結ばれている。

□ 381

体裁《ていさい》

類語 体面・外聞

外から見た様子。外観。

世間体→373

●被告《ひこく》に無期（ 懲役 ）の刑が確定した。

□ 382

活路

類語 策・血路

行き詰《づ》まった状況《じょうきょう》から抜《ぬ》け出す方法。生活の手段。

突破《とっぱ》→151

●（ 身内 ）を悪く言われて気持ちがふさぐ。

□ 383

ディベート

類語 ディスカッション

討論。議論。

論争→242

●学校の授業で、テーマに沿った（ディベート）の時間を取る。

□ 384

懲役《ちょうえき》

類語 拘留《こうりゅう》・禁固

刑務所へ入れて所定の作業をさせる刑罰《けいばつ》。

流罪《るざい》→294
服役
懲役囚《しゅう》

●どこに（ 活路 ）を見出《みいだ》すかは君次第《しだい》だ。

385 正念場

類語 大一番

意味 重要な局面。真価を問われる大事な場面。

関連 瀬戸際《せとぎわ》→391　土壇場《どたんば》→398

386 会《え》釈《しゃく》

類語 お辞儀《じぎ》・挨拶《あいさつ》

意味 人に対する好意や謝意などを表すための軽く頭を下げるしぐさ。

関連 黙礼《もくれい》→999

387 本分

類語 使命・任務

意味 その人が本来果たすべきつとめ。義務。

関連 任務→200　責務→214　義務

388 風潮

類語 動向

意味 時代とともに変わる世間一《いっ》般《ぱん》の傾向《けいこう》。時勢。

関連 民意→236　動向→263　世論

389 兆候

類語 予兆・前兆

意味 出来事が起こりかけているという気配。

関連 きざし

390 慰《い》労《ろう》

類語 ねぎらい・いたわり

意味 苦労をなぐさめること。

関連 慰問

用例 （　）に上の言葉のどれかを入れましょう。

- 武士の（　本分　）は主君を守ることである。
- 現代の（　風潮　）を非難するだけでは無責任である。
- 夏の参院選は与野党《よやとう》にとって（　正念場　）だ。
- パンダに妊娠《にんしん》の（　兆候　）が見られる。
- ボランティアを（　慰労　）するメッセージを伝える。
- 軽く（　会釈　）してから退席する。

□ 391　瀬戸際《せとぎわ》

類語　分岐点《ぶんきてん》・境目

物事の成功と失敗の**分かれ目**。また、生死や安危の分かれ目。

正念場→385
土壇場《どたんば》→398
寸前

●固苦しいので、（　略式　）で済ませよう。

□ 392　名実

名称《めいしょう》と実質。評判と実際。

名実相伴《ともな》う

●（出来合い）の料理より自分で作るもののほうがおいしい。

□ 393　疎通《そつう》

さしつかえなく**通ずる**こと。

以心伝心

●彼《かれ》が（　名実　）ともに世界一のプレーヤーと言われる選手だ。

□ 394　略式

類語　略儀《りゃくぎ》・簡略

正式の手続きや順序を省いて**手軽にしたやり方**。⇔正式

●昇進するか否《いな》かの（　瀬戸際　）に立っている。

□ 395　猶予《ゆうよ》

類語　延期

ぐずぐずして**物事を決めない**こと。実行時期を先送りにすること。

見合わせる→332
執行《しっこう》猶予
支払《しはらい》猶予

●もはや一刻の（　猶予　）も許されない。

□ 396　出来合い

類語　既成品《きせいひん》

注文によって作るのではなく、**すでに出来ている**こと。

量産→274

●メンバーと意思の（　疎通　）を図《はか》る。

□ 397

搭《とう》乗《じょう》

言葉の意味：飛行機や船などに**乗り込《こ》む**こと。

関連：搭乗券　搭乗手続き

□ 398

土《ど》壇《たん》場《ば》

類語：絶体絶命・ピンチ

意味：**せっぱつまった**場面。

関連：瀬戸際《せとぎわ》→391　正念場→385

□ 399

発揮

類語：発露《はつろ》

意味：持っている力を**外に表し出し**て、働かせること。

□ 400

不可欠

類語：必須《ひっす》・必需《ひつじゅ》

意味：**欠くことの出来ない**こと。

□ 401

脇《わき》役《やく》

類語：補佐《ほさ》・裏方

意味：**主役を助ける**役。物事の副次的な役割。⇔主役

関連：引き立て役

□ 402

英断

類語：勇断

意味：**すぐれた決断**。思い切りよく物事を決めること。

用例　（　）に上の言葉のどれかを入れましょう。

- 優勝を狙《ねら》うには、どうしても君が（不可欠）だ。
- あそこで引き返したのは、正に（英断）であった。
- （搭乗）者リストから身元の割り出しが行われる。
- 本番で実力を（発揮）するのは難しい。
- （土壇場）の逆転ホームランに球場が湧《わ》く。
- 一生を（脇役）に徹《てっ》した人だった。

□ 403

隠《いん》居《きょ》

類語 引退・隠遁《いんとん》

世間から身を引いて**のんびり暮らす**こと。また、そのように暮らしている人。

余生→1358

●ニュージーランドは有名な（ **酪農** ）国だ。

□ 404

核《かく》家《か》族《ぞく》

一組の夫婦と未婚《みこん》の子からなる家族。

●初孫の（ **命名** ）は祖父に任せた。

□ 405

還《かん》暦《れき》

類語 本卦《ほんけ》帰(還《がえ》)り

数え年で六十一歳《さい》のこと。

●都市に働きに出る人が増えて、（ **核家族** ）化が進んだ。

□ 406

要職

類語 重職・幹部

重要な職務や地位。

●物知りのご（ **隠居** ）さんが出てくる落語。

□ 407

酪《らく》農《のう》

類語 乳業・畜産《ちくさん》

牛や羊などを飼い、乳やその加工品を作る農家。

酪農家
酪農製品

●（ **還暦** ）を過ぎても元気な人は多い。

□ 408

命名

名前をつけること。ネーミング。

●父は会社の（ **要職** ）に就《つ》いている。

番号	言葉	類語	意味	関連
409	ジャーナリスト	報道陣《ほうどうじん》	新聞・テレビ・雑誌などの**編集者・記者**などのこと。	ピュリッツァー賞
410	熟練	熟達・手練	高度な**技能と経験**を有するさま。	円熟→580 老練
411	バイリンガル		**二ヶ国語**を自由にあやつる人。二ヶ国語で表現されていること。	
412	閲《えつ》覧《らん》	閲読	書物や書類などを**調べたり読んだりする**こと。	閲覧室
413	奉《ほう》公《こう》	献身《けんしん》	**召《め》し使われて勤める**こと。	滅《めっ》私《し》奉公 丁《でっ》稚《ち》奉公
414	報《ほう》酬《しゅう》	給料・謝礼	労働や物の使用などに対する**お礼の金品**。	年俸《ねんぽう》→266 賃金

用例　（　）に上の言葉のどれかを入れましょう。

- 外資系企業《きぎょう》で働く人は（バイリンガル）が多い。
- 図書館で貴重な資料を（閲覧）する。
- 小さな町工場だが、（熟練）工の腕《うで》は確かだ。
- 弁護士に成功（報酬）を支《し》払《はら》う。
- 優秀《ゆうしゅう》な（ジャーナリスト）の視点は公平である。
- 住み込《こ》み店員を、古くは（奉公）人と言った。

□ 415 全容

類語 全貌《ぜんぼう》

全体の姿。全体の様子。

□ 416 フリーター

類語 非正規雇用者《こようしゃ》

定職ではないアルバイトなどで生計を立てる人。

無業者 → 1459

□ 417 娯《ご》楽《らく》

類語 気晴らし

心を慰《なぐさ》め、楽しむこと。また、そのような笑いや楽しみ。

娯楽施設《しせつ》
娯楽番組

□ 418 風紀

類語 モラル・社会道徳

道徳的な規律。特に未成年や男女関係に関する規律や節度。

風紀委員

□ 419 沿線

類語 地域・地帯

鉄道、バスの路線、幹線道路などに沿った土地。

沿線住民

□ 420 ビジョン

類語 未来像

視覚。幻影《げんえい》。展望。見通し。

- 非正規社員は（フリーター）とも呼ばれる。
- （風紀）を乱すような行動は慎《つつし》まなければならない。
- 将来の（ビジョン）を描《えが》けない人が増えた。
- 私鉄（沿線）にマンションが林立する。
- 今ほど（娯楽）の多い時代はない。
- 事件の（全容）を明らかにする。

第４章 論理・表現

□ 421 指《し》摘《てき》

類語 言及《げんきゅう》

意味 あることを**取り上げて示す**こと。

□ 422 ほのめかす

類語 暗示する・示唆《しさ》する

意味 かすかに見えるようにする。**それとなく示す**。におわせる。

関連 暗示→453　示唆→1153

□ 423 風《ふう》刺《し》

類語 いやみ・皮肉

意味 社会や人物のあり方を**批判的**、**嘲笑的《ちょうしょうてき》**に言い表すこと。

関連 皮肉→548

□ 424 弁解

類語 釈明《しゃくめい》・弁明

意味 **言い訳**。

関連 自己弁護

□ 425 趣《しゅ》向《こう》

類語 趣《おもむき》

意味 おもしろくするための**工夫《くふう》**。

関連 風情《ふぜい》→145　持ち味→512　情緒《じょうちょ》

□ 426 所《しょ》詮《せん》

類語 詰《つ》まるところ・結局

意味 最後に**行き着くところ**。

関連 とどのつまり→873

用例 （　）に上の言葉のどれかを入れましょう。

- コーチに（ 指摘 ）されて、フォームを直す。
- 今回のトラブルは（ 弁解 ）の余地がない。
- （ 所詮 ）、人間の運命は変えられない。
- 事件への関与《かんよ》を（ほのめかす）。
- 彼女《かのじょ》らしい（ 趣向 ）を凝《こ》らしたショーだ。
- 社会問題を（ 風刺 ）した川《せん》柳《りゅう》を作る。

□ 427

含《ふく》み

類語　含意《がんい》・含蓄《がんちく》

言葉の表面に現れないで、中に**含み込《こ》まれている意味や内容**。

含蓄→1477

□ 428

文脈

類語　脈絡《みゃくらく》

筋道。また、ある事柄《ことがら》の背景や周辺の状況《じょうきょう》。コンテクスト。

脈絡→452

□ 429

二《に》言《ごん》

前に言ったことと**異なることを言う**こと。また、その言葉。

撤回《てっかい》→354

□ 430

因果

類語　結びつき・つながり

原因と**結果**。

要因→190
産物→324
因果応報→1340

□ 431

的確

類語　正確・適切

確かなさま。

的を射る→894

□ 432

抑《よく》揚《よう》

音楽や朗読などで、**音の高低や強弱をつける**さま。イントネーション。

イントネーション→435
めり張り

● 二選目の知事に（ **二言** ）があってはならない。

● （ **含み** ）を持たせた終わり方に続編を期待する。

● もう少し（ **抑揚** ）をつけて歌いましょう。

● 店員の（ **的確** ）な誘導《ゆうどう》で、難を逃《のが》れる。

● 過去は常に新しい（ **文脈** ）の中で問い直される。

● （ **因果** ）関係を明らかにする説明が求められる。

433 比較《ひかく》

言葉 比較《ひかく》

類語 対比・対照

意味 比べることと。二つ以上のものを比べ合わせて、その違《ちが》いを見ること。

関連 対照→438　比較的　比較研究

434 対句《ついく》

言葉 対句《ついく》

意味 語の並べ方を同じくし、意味が対《つい》になるように二つ以上の句を並べた表現形式。

関連 対照→438　対句法

435 イントネーション

言葉 イントネーション

類語 語調

意味 発声の抑揚《よくよう》。

関連 抑揚→432

436 論理

言葉 論理

類語 筋道

意味 思考の形式。法則。

関連 論理学　論理的

437 観点

言葉 観点

類語 視点・見方

意味 物事を考察、判断するときの立場。見地《けんち》。

438 対照

言葉 対照

類語 対比・比較《ひかく》

意味 比べ合わせること。照らし合わせること。

関連 比較《ひかく》→433　対句《ついく》→434　対照的

用例 （　）に上の言葉のどれかを入れましょう。

- 他人と（　比較　）しても始まらない。
- （　対句　）表現によって、それぞれの印象がより強まっている。
- この部分は、（　論理　）が断絶している。
- 善と悪の（　対照　）というテーマはありきたりだ。
- どのような（　観点　）に立って述べるかが、重要だ。
- 都道府県によって、言葉の（イントネーション）は違《ちが》う。

基本語 第1章 第2章 第3章 第4章 第5章 第6章 第7章 第8章

□ 439

劇的

劇を見ているような緊張《きんちょう》や感動を覚え、**変化に富む**さま。ドラマチック。

□ 440

傑《けっ》作《さく》

類語 名作

出来ばえの**優れた**作品。ひどく**おもしろい**こと。

秀作

□ 441

同義語

語形は異なっていても**意味の似かよった**二つ以上の語。シノニム。

類義語

□ 442

余計

類語 余分・蛇《だ》足《そく》

必要以上に**多い**こと。物が**余る**こと。不用なもの。

蛇《だ》足《そく》→1156
無《む》駄《だ》

□ 443

論外

類語 問題外

論じるに足らないこと。もってのほかのこと。とんでもないこと。

□ 444

識別

類語 判別

物事の本性や相違《そうい》などを**見分ける**こと。

認識《にんしき》→121

●彼《かれ》を疑うなんて（　**論外**　）だ。

●（　**同義語**　）を書き出して覚える。

●本物と偽物《にせもの》を（　**識別**　）するのは難しい。

●ＰＫ戦で、（　**劇的**　）な勝利を収めた。

●古典の最高（　**傑作**　）は『源氏物語』である。

●親切心もときには（　**余計**　）なお世話になる。

	言葉	類語	意味	関連
445	アイディア	ひらめき・発想	**思いつき**。着想。考案。	創意工夫→941 アイディア商品
446	要旨《ようし》	要約・要点	主な内容や主要な点を**手短にまとめたもの**。	
447	編集	編修・編纂《へんさん》	一定の方針のもとに、いろいろな材料を集めて**新聞・雑誌・書物などを作る**こと。また、その仕事。	編集長 編集者
448	翻訳《ほんやく》		ある言語で表現されている文を、**他の言語に移しかえる**こと。	翻訳業 翻訳書
449	間接的		何かを**仲立ち**にして行うさま。⇔直接的	媒介《ばいかい》→224
450	仮定	仮想	事実に関係なく、**仮にそうだとする**こと。	仮説→459 仮定形 仮定法

用例 （　）に上の言葉のどれかを入れましょう。

- 彼《かれ》はなかなかの（アイディア）マンだ。
- （ 仮定 ）の話は、説得力がない。
- 消費税は（ 間接的 ）な税である。
- 卒業論文の（ 要旨 ）をまとめる。
- 校内誌の（ 編集 ）を任される。
- 彼は作家であり、（ 翻訳 ）家でもある。

□ 451 オーソドックス

類語 王道・正攻法《せいこうほう》

正統。正統派。

主流→169

●君の文章は、何の（ 脈絡 ）もない。

□ 452 脈《みゃく》絡《らく》

類語 文脈・つながり

一貫《いっかん》した**筋道**。

文脈→428

●彼《かれ》との出会いは（ 必然 ）に思える。

□ 453 暗示

類語 示《し》唆《さ》・ほのめかし

直接的にはっきりと示すのではなく、**それとなくわかるように**示すこと。

ほのめかす→422
示唆→1153
自己暗示

●彼の発言は（ステレオタイプ）で、ユーモアに欠ける。

□ 454 偶《ぐう》然《ぜん》

思いがけなく起こること。
⇔必然

必然→456

●海面の上昇《じょうしょう》は、地球の危機を（ 暗示 ）している。

□ 455 ステレオタイプ

型にはまった、**画一的**なイメージ。

紋《もん》切《き》り型→1488
固定観念

●街角で（ 偶然 ）、先輩《せんぱい》に出会った。

□ 456 必然

類語 必至

必ずそうなると決まっていること。⇔偶《ぐう》然《ぜん》

偶然→454
必至→1158

●ときには（オーソドックス）な考え方もいいね。

	457	458	459	460	461	462
言葉	過程 類語 経緯《けいい》・経過	展開 類語 推移	仮説	サプライズ	根《こん》拠《きょ》 類語 裏付け・事由	抽象的《ちゅうしょうてき》
意味	物事が進行、変化、発展する**道筋**。プロセス。	物事が繰《く》り広げられたり、**進展**したりすること。	**経験的な仮定**。⇔定説	驚《おどろ》き。仰天《ぎょうてん》。予期せぬことで相手を**驚かせたり、楽しませたりする**こと。	物事を成り立たせる**よりどころ**。	物事の**概念的**《がいねんてき》で**一般的**《いっぱんてき》なさま。⇔具体的
関連	経緯→1112 生産過程	急展開	仮定→450	意表をつく	根拠地	具体→1179

用例 （　）に上の言葉のどれかを入れましょう。

- 今日の（**サプライズ**）・ゲストは大物野球選手だ。
- 名人に制作の（**過程**）の見学を許される。
- （**抽象的**）な話では計画の実現は難しい。
- この小説は（**展開**）が早い。
- 君の主張の（**根拠**）がわからない。
- （**仮説**）を立てて、実証すべきだ。

第5章 性格・心情・性質

□ 463 **モチベーション**

類語 やる気

動機付け。刺激《しげき》。熱意。

- 人に憎《にく》まれないのも、彼女《かのじょ》の（ 天性 ）といえる。

□ 464 **天性**

類語 天分・資質

生まれつき備わっているもの。

人となり→575
天分→1197

- 芥川龍之介《あくたがわりゅうのすけ》の（ 鋭敏 ）な神経が作品を生んだ。

□ 465 **専念**

類語 熱中・没頭《ぼっとう》

もっぱらその事に**集中する**こと。

没頭《ぼっとう》→819

- テロリストへの（ 憎悪 ）がつのる。

□ 466 **鋭《えい》敏《びん》**

類語 敏感・機敏

鋭《するど》く感じ取ること。理解や判断がすばやいこと。

機敏→495
目ざとい→667

- どうすれば、仕事や学業の（モチベーション）を高められるのか考えたい。

□ 467 **憎《ぞう》悪《お》**

類語 嫌《けん》悪《お》・意《い》趣《しゅ》

憎《にく》むこと。きらうこと。

嫌悪→624
意趣→1518

- 大臣が（空々しい）言い訳をする。

□ 468 **空々しい**

類語 白々しい

真実味がない。うそであることが見え透《す》いている。

- 学業に（ 専念 ）する決心をした。

	469	470	471	472	473	474
言葉	怠《たい》惰《だ》	あさましい	卑《いや》しい	煩《わずら》わしい	増長	性《せい》癖《へき》
類語	自堕落《じだらく》・ぐうたら	見苦しい・醜《みにく》い	下劣《げれつ》・さもしい	厄介《やっかい》・ややこしい	天狗《てんぐ》（になる）	傾向《けいこう》・好み
意味	**なまけてだらしない**こと。	**情けない**。みじめである。	身分や地位が低い。**貧しく**、みすぼらしい。下品だ。	**面倒《めんどう》くさい**。気が重い。うんざりする。	次第《しだい》に大きくなること。**思い上がる**こと。つけ上がること。	性質の偏《かたよ》り。**癖《くせ》**。
関連	横着 無精《ぶしょう》	下品	さもしい↓643	煩雑《はんざつ》	高慢《こうまん》	

用例 （　）に上の言葉のどれかを入れましょう。

- （　**怠惰**　）な性格は直すべきだ。
- （**煩わしい**）人間関係に悩《なや》まされる。
- 彼女《かのじょ》のわがままな（　**性癖**　）は一向に変わらない。
- 一円たりとも支払《しはら》わないなんて、彼《かれ》はお金に（　**卑しい**　）人だ。
- 最近のあの人の（　**増長**　）ぶりは異常だ。
- 人の幸せをねたむのは（**あさましい**）ことだ。

基本語
第1章
第2章
第3章
第4章
第5章
第6章
第7章
第8章

□ 475

煮《に》詰《つ》まる

類語 絞《しぼ》られる

十分に議論して、結論が出る状態になる。

●遠足なのに雨なんて（恨めしい）。

□ 476

興ざめ

類語 白ける・冷める

おもしろくなくなること。

●議論が（煮詰まり）、もう少しで解決しそうだ。

□ 477

恨《うら》めしい

恨みたい気持ちである。残念だ。

怨恨《えんこん》

●思わぬ出来事に（困惑）した顔になった。

□ 478

横暴

類語 わがまま・専横

自分勝手な振《ふ》る舞《ま》い。

独断専行

●手品のタネを明かすなんて（興ざめ）だ。

□ 479

へつらう

類語 こびる・ごまをする

目上の人にお世辞を言うなどして気に入られるようにする。おもねる。

こびる→622

●国民に（へつらう）ような政策は願い下げだ。

□ 480

困《こん》惑《わく》

類語 狼狽《ろうばい》・当惑

どうしてよいかわからなくて戸惑《とまど》うこと。

戸惑う→502
当惑→530
狼狽→1504

●上司の（横暴）に反発する。

	481	482	483	484	485	486
言葉	小気味よい	気さく	毒《どく》気《け》（どっき）	危《き》惧《ぐ》	無《む》邪《じゃ》気《き》	威《い》嚇《かく》
類語		淡白《たんぱく》	悪意・悪気	憂慮《ゆうりょ》・案じる・懸念《けねん》	無心	脅《おど》し・脅威《きょうい》
意味	快い感じを受ける。痛快である。	人柄《ひとがら》や性質がさっぱりしていて、親しみやすく気軽なさま。	他人の気持ちを傷つけるような心。毒となる成分。	うまくいかないのではないかと、危《あや》ぶむこと。	あどけなくて、素直《すなお》なこと。	威力を見せて恐《おそ》れさせること。
関連			悪知恵《わるぢえ》	懸念→628 憂慮→1273 杞憂《きゆう》→1489	無心→155 天真爛漫《てんしんらんまん》→942 天衣無縫《てんいむほう》→1555	脅威→351 恫喝《どうかつ》

用例 （　）に上の言葉のどれかを入れましょう。

● あの人もすっかり（　毒気　）を抜《ぬ》かれたようだ。

● （　危惧　）した通りの大事故が発生する。

● 彼女《かのじょ》のセリフは何度聞いても（小気味よい）。

● （　無邪気　）な赤ちゃんの寝顔《ねがお》を見る。

● 番犬が通行人を（　威嚇　）してほえる。

● （　気さく　）に声をかけてもらって、すぐに仲良くなった。

基本語
第1章
第2章
第3章
第4章
第5章
第6章
第7章
第8章

□ 487

気を吐《は》く

威勢《いせい》のよいことを言ったり示したりする。

意気軒昂《いきけんこう》

●あまりの恐怖《きょうふ》に、ただ恐《おそ》れ（**おののく**）ことしかできなかった。

□ 488

勤勉

類語 精勤

仕事や勉強に**励《はげ》む**こと。

精進《しょうじん》→973

●この町は、観光地としての収入に（**依存**）している。

□ 489

気がおけない

遠慮《えんりょ》がない。気遣《きづか》いする必要がない。

気楽

●彼《かれ》の（**勤勉**）な性格が仕事で評価された。

□ 490

おののく

類語 戦慄《せんりつ》する・わななく

恐怖《きょうふ》や寒さ、興奮などで**震《ふる》える**。

●一人、（**気を吐い**）ている男がいると思ったら、君か。

□ 491

拍《ひょう》子《し》抜《ぬ》け

張り合いが抜けること。

肩透《かたす》かし→824

●あまりにあっけない幕切れで、誰《だれ》もが（**拍子抜け**）した。

□ 492

依《い》存《そん（ぞん）》

他の人やものに頼《たよ》って成り立っていること。

立脚《りっきゃく》→284
依存心
寄生

●（**気がおけない**）人たちとカラオケに行く。

	言葉	類語	意味	関連
□ 493	おじけづく	足がすくむ・臆《おく》する	恐《おそ》ろしい、かなわないという気になる。**ひるむ**。	ひるむ→604 足がすくむ→773 臆《おく》する→1220
□ 494	生気	活気	生き生きとした**気力**。	エネルギッシュ→647
□ 495	機《き》敏《びん》	俊敏《しゅんびん》・鋭敏《えいびん》	判断や動作が**素早《すば》い**こと。	鋭敏→466 明敏
□ 496	感《かん》銘《めい》	感激	心に刻みつけられたように、忘れられないほど、深く**感動する**こと。	感慨《かんがい》
□ 497	放心	忘我《ぼうが》・茫然《ぼうぜん》	他のことに気を奪《うば》われて**ぼんやりしている**こと。何も考えずにいること。	茫然→500 忘我《ぼうが》→1501
□ 498	悪びれる	気後れする	**おどおど**したり、恥《は》ずかしがったりする。	気後れする→646

用例 （　）に上の言葉のどれかを入れましょう。

●心のこもった彼《かれ》のスピーチに（　感銘　）を受けた。

●大勢の聴衆《ちょうしゅう》を前にして、急に（おじけづい）てしまった。

●遅刻《ちこく》をしてきたくせに、（悪びれる）様子もない。

●驚《おどろ》くほど（　機敏　）な動作で、試合を盛り上げた。

●（　生気　）のない顔だ。

●（　放心　）状態からさめて、急に笑い出す。

基本語
第1章
第2章
第3章
第4章
第5章
第6章
第7章
第8章

□ 499
息巻く
類語 興奮する・憤慨《ふんがい》する
勢い込《こ》んで言う。息づかいを荒《あら》くして怒《おこ》る。
興奮→569
憤慨→1514
いきり立つ

□ 500
茫《ぼう》然《ぜん》
類語 呆然《ぼうぜん》・放心
予想もしないことに出会って**あっけにとられる**さま。気抜《きぬ》けしたようにぼんやりするさま。
放心→497
心ここにあらず→641

□ 501
心血
精神と肉体。最善の努力。

□ 502
戸《と》惑《まど》う
類語 困惑《こんわく》・当惑
どうしてよいかわからなくて**迷う**。
困惑《こんわく》→480
当惑→530

□ 503
能動的
自分から他に積極的に**働きかける**さま。自分から他に作用を及《およ》ぼすさま。⇔受動的
受動的→629

□ 504
同調
類語 協調
他人の意見や行動に**合わせる**こと。
迎合《げいごう》→1146

- さまざまな奉仕《ほうし》活動に（**能動的**）に参加する。
- 多くの人が、彼《かれ》の意見に（**同調**）した。
- 焼け落ちた家の跡《あと》を見て、（**茫然**）としている。
- （**息巻い**）て家を飛び出したが、行く所がない。
- （**心血**）を注いで完成させた作品が盗《ぬす》まれた。
- 突然《とつぜん》発言を求められて（**戸惑う**）。

番号	言葉	類語	意味	関連
505	温和	温厚《おんこう》・柔和《にゅうわ》	穏《おだ》やかでおとなしいこと。	温厚→697 柔和→1298
506	慎《しん》重《ちょう》	入念・丁重《ていちょう》	注意深く、落ち着いて軽々しく行わないさま。	
507	繊《せん》細《さい》	敏感《びんかん》・微妙《びみょう》	感情や感覚が細やかなこと。か細く美しいこと。デリケート。	神経質
508	軟《なん》弱《じゃく》	弱腰《よわごし》	自分の考えがなくて、言うままになること。やわらかくてしっかりしないこと。	弱腰《よわごし》→840 優柔不断《ゆうじゅうふだん》→915
509	奥《おく》手《て》	遅咲《おそざ》き	肉体的あるいは精神的成熟が遅い人。作物や果物で遅く成熟する品種。	大器晩成《たいきばんせい》→936
510	お調子者	おっちょこちょい	調子に乗りやすく、軽はずみな行動をする人。	

用例 （　）に上の言葉のどれかを入れましょう。

- （繊細）な色づかいで、すばらしい絵だ。
- （慎重）にことを運ぶ。
- （軟弱）な外交姿勢を批判する。
- 彼《かれ》は（お調子者）だが悪い人ではない。
- あの（温和）な人でも怒《おこ》るときがある。
- 子どもが（奥手）だからって心配無用だ。

□ 511 控《ひか》え目

類語 謙虚《けんきょ》・つつましい

遠慮《えんりょ》して振《ふ》る舞《ま》うこと。量や程度を少な目にすること。

謙虚→614

□ 512 持ち味

類語 趣《おもむき》

独特の味わい。本来備わっている特有の味。

風情《ふぜい》→145 趣向《しゅこう》→425

□ 513 曖《あい》昧《まい》

類語 漠然《ばくぜん》・おぼろげ

はっきりしないこと。確かでないこと。あやふや。

おぼろげ→676 漠然→1267 不確か

□ 514 率《そっ》直《ちょく》

類語 単刀直入

飾《かざ》ったりつくろったりしないこと。素直《すなお》でありのままであること。ストレート。

単刀直入→935

□ 515 疎《そ》外《がい》感《かん》

類語 孤独感《こどくかん》・孤立感

よそよそしく、のけものにされた感情。

□ 516 納《なっ》得《とく》

類語 合点・了解《りょうかい》・釈然《しゃくぜん》

他の考えや行為《こうい》を理解し、もっともだと認めること。

承諾《しょうだく》→665 釈然→1242

- 作者の（ 持ち味 ）が発揮された小説だ。
- （ 率直 ）な意見を聞きたい。
- （ 納得 ）いくまで考えさせてほしい。
- クラスの中で（ 疎外感 ）に悩《なや》む。
- 砂糖の量を少し（ 控え目 ）にする。
- （ 曖昧 ）な主張では賛成を得られない。

番号	言葉	類語	意味	関連
517	義《ぎ》理《り》堅《がた》い	律儀《りちぎ》	人間関係において、義理を重んじるさま。	礼儀
518	あくせく	せっせと	こせこせと気ぜわしくことをするさま。せかせかしているさま。	
519	けしかける	たきつける・促《うなが》す	そそのかす。あおる。動物などに攻撃《こうげき》させる。	促す→527 たきつける→652 あおる→1044
520	ずうずうしい	面《つら》の皮が厚い	厚かましい。図太い。	厚顔《こうがん》無恥《むち》
521	むつまじい	心安い	仲がよい。情愛が細やかである。	
522	羨《せん》望《ぼう》	嫉妬《しっと》	羨《うらや》ましく思うこと。	憧《あこが》れ

用例　（　）に上の言葉のどれかを入れましょう。

● わざわざお礼の手紙をくれるなんて、彼《かれ》は（義理堅い）人だ。

● 人の物を自分の物のように使うなんて（ずうずうしい）。

● （　羨望　）のまなざしで見つめる。

● （あくせく）働いてようやく得たお金だ。

● 仲（むつまじい）老夫婦《ふうふ》の姿に感動する。

● 友人が（けしかける）ので、思わず先輩《せんぱい》に本音をぶつけてしまった。

523 気《き》丈《じょう》
- 類語 気丈夫
- 心の持ち方がしっかりしているさま。気の強いさま。⇔気弱
- 強気 勝ち気

524 もったいぶる
- 類語 儀《ぎ》式《しき》ばる
- 重々しく気取った様子を見せる。

525 優《ゆう》雅《が》
- 類語 優美
- 上品でみやびなこと。優《やさ》しい美しさのあること。エレガント。

526 こざかしい
- 類語 悪賢《わるがしこ》い
- 利口ぶる。生意気だ。ずるくて抜《ぬ》け目がない。
- 海千山千→1341

527 促《うなが》す
- 類語 あおる・けしかける
- せきたて、催促《さいそく》する。相手が何かをする気になるよう勧《すす》める。
- けしかける→519 たきつける→652 あおる→1044

528 平《へい》穏《おん》
- 類語 平安・安穏《あんのん》
- 変わったこともなく、穏《おだ》やかであるさま。
- 平和

- 思わぬ災難《さいなん》に遭《あ》ったが、彼女《かのじょ》は（ 気丈 ）に振《ふ》る舞《ま》った。
- 女王陛下《へいか》の（ 優雅 ）な立ち姿にため息がもれる。
- （こざかしい）口をきく人には気をつけろ。
- 司会者に（ 促さ ）れてスピーチをする。
- （もったいぶら）ないで教えてよ。
- 旅行の（ 平穏 ）無事を祈《いの》る。

言葉 / 意味 / 関連

□ 529 汚名《おめい》

類語 悪名

意味 不名誉《ふめいよ》な評判。

関連 汚名をすすぐ

□ 530 当惑《とうわく》

類語 困惑・狼狽《ろうばい》

意味 解決法がわからず途方《とほう》にくれること。どうしてよいかわからず困ること。

関連 困惑→480　戸惑う→502　狼狽→1504

□ 531 怠《おこた》る

類語 サボる

意味 怠《なま》ける。いいかげんにする。気が緩《ゆる》む。

関連 怠慢《たいまん》

□ 532 卑《ひ》怯《きょう》

類語 卑劣《ひれつ》・姑息《こそく》

意味 正正堂堂としていないこと。勇気がなくて臆病《おくびょう》なこと。

関連 卑劣→1308　姑息《こそく》→1295　卑怯者

□ 533 非難

類語 追及《ついきゅう》

意味 相手を責めること。

関連 追及→356　非難ごうごう

□ 534 凝《こ》る

類語 熱中する

意味 筋肉が固くなる。趣味《しゅみ》などに夢中になる。

関連 病膏肓《やまいこうこう》に入《い》る

用例 （　）に上の言葉のどれかを入れましょう。

- 彼《かれ》は話をふられて（　当惑　）の色が隠《かく》せないようだ。
- 匿名《とくめい》で他人の悪口を書き込《こ》むのは（　卑怯　）だ。
- 前回最下位という（　汚名　）を返上するため努力する。
- マニアとは一つの趣味《しゅみ》などに（　凝る　）人のことだ。
- 反則行為《こうい》は（　非難　）の的だ。
- 少しでも練習を（　怠る　）と、すぐにタイムが落ちる。

□ 535

察知

類語 感知

推測して知ること。気づくこと。

洞察《どうさつ》→560

●（想像）した以上に寒い国だった。

□ 536

不毛

類語 荒廃《こうはい》・むなしい

作物の育たないやせている土地。見るべき成果がないこと。

不作

●時間を守らない人に（いらだつ）。

□ 537

いらだつ

類語 焦《あせ》る

いらいらする。じれったくなる。

業《ごう》を煮《に》やす→661

●国旗を（凝視）する姿が印象的だ。

□ 538

あっけらかんと

類語 けろりと

何もなかったように平然としているさま。ぽかんとしているさま。

●危険を（察知）して身を隠《かく》す。

□ 539

想像

類語 空想・推測

心の中に思い描《えが》くこと。

想像力
想像上

●（不毛）な議論が続いている。

□ 540

凝《ぎょう》視《し》

類語 熟視

じっと見つめること。

注視→1126

●彼女《かのじょ》の（あっけらかんと）した様子に余計に腹が立った。

番号	言葉	類語	意味	関連
541	抱《ほう》負《ふ》	意志・志	心の中の計画や**決意**。	目標
542	募《つの》る	高まる・募集《ぼしゅう》する	次第《しだい》に勢いが**激しくなる**。ますます**強くなる**。広く呼びかけて**集める**。	公募
543	忘《ぼう》却《きゃく》	忘失	**忘れ去る**こと。	失念
544	たぶらかす	化かす	人を**だます**。あざむく。	一杯《いっぱい》食わせる
545	たしなむ	学ぶ・愛好する・楽しむ	芸事などを習って**身につける**。**好んでする**。行いなどを慎《つつし》む。	嗜《し》好《こう》
546	かたくな	頑固《がんこ》	意地を張って自分の**態度や考えを変えようとしない**さま。	石頭

用例 （　）に上の言葉のどれかを入れましょう。

- 過去の歴史事実を（　忘却　）することは許されない。
- きつねが人間を（たぶらかす）話は多い。
- 祖父は（かたくな）な態度を変えない。
- ボランティア活動の参加者を広く（　募る　）。
- 少し茶道《さどう》を（たしなみ）ます。
- インタビューに答えて、未来の（　抱負　）を語る。

基本語 第1章 第2章 第3章 第4章 第5章 第6章 第7章 第8章

□ 547 忍《しの》ぶ

類語 耐《た》える・辛抱《しんぼう》する

つらいことを**我慢《がまん》する**。こらえる。こっそり行う。

忍耐《にんたい》→681
忍び笑い

□ 548 皮肉

類語 嫌《いや》み・風刺《ふうし》

意地悪く遠まわしに**非難する**こと。あてこすり。予想に反して都合が悪いこと。

風刺→423

□ 549 根に持つ

類語 執念深《しゅうねんぶか》い

いつまでも**恨《うら》みに思う**。

□ 550 薄情《はくじょう》

類語 非情・冷淡《れいたん》・無慈悲《むじひ》

思いやりがないこと。愛情が薄《うす》いこと。

非情→558
血も涙《なみだ》もない

□ 551 批判

類語 批評・バッシング

物事のよしあしについて**評価や判定**をすること。**否定的**に**評価**すること。

バッシング→280
批判的

□ 552 侮辱《じょく》

侮《ぶ》

類語 侮蔑《ぶべつ》・軽蔑

あなどり、**はずかしめる**こと。

●（ **皮肉** ）にも、天気予報が外れて喜んだ人が多くいた。

●（ **薄情** ）な人とは縁《えん》を切りたい。

●悪い行いを（ **批判** ）する。

●つらい練習を（ **忍ん** ）でこそ本番に力が出せる。

●去年のマラソン大会で負けたことを、まだ（**根に持っ**）ている。

●母校を（ **侮辱** ）されて怒《おこ》る。

番号	言葉	類語	意味	関連
□ 553	浸《ひた》る	つかる・没頭《ぼっとう》する	水や湯の中に**入る**。ある心理状態に**入りきる**。	没頭→819
□ 554	ほくそ笑《え》む	にやりとする	物事に満足して**ひそかに笑う**。	
□ 555	あどけない	いたいけ	**無邪気《むじゃき》でかわいい**。	無邪気→485 愛くるしい
□ 556	動転	狼狽《ろうばい》	驚《おどろ》き**慌《あわ》てる**こと。	狼狽→1504 パニック 驚天動地《きょうてんどうち》
□ 557	無知	疎《うと》い・不案内	知識がなく、**何も知らない**こと。	疎《うと》い→595 門外漢→1461
□ 558	非情	冷酷《れいこく》・薄情《はくじょう》・ドライ	心が冷たく、**人間らしい感情を持たない**こと。	薄情《はくじょう》→550 ドライ→648 冷酷→1201

用例 （　）に上の言葉のどれかを入れましょう。

- 幼児の（**あどけない**）笑顔《えがお》に、心が和《なご》む。
- 私は、理系の分野に関しては（**無知**）である。
- 受賞の喜びに（**浸る**）間もなく研究に専念する。
- 最後に大もうけして（**ほくそ笑む**）のは誰《だれ》だ。
- 修学旅行では、（**非情**）な雨に泣かされた。
- 気が（**動転**）していて、鍵《かぎ》をかけ忘れた。

□ 559 悲《ひ》惨《さん》

類語 むごい

見ていられないほど**痛ましい**さま。

むごい→1249
無残

●マラソン選手には、（**きゃしゃ**）な体つきの人が多い。

□ 560 洞《どう》察《さつ》

類語 予見

見抜《みぬ》くこと。

察知→535

●（**容赦**）ない罵声《ばせい》が浴びせられる。

□ 561 容《よう》赦《しゃ》

類語 勘弁《かんべん》・酌量《しゃくりょう》

相手の過《あやま》ちや失敗を**許す**こと。**手加減する**こと。

酌量→1427
目をつぶる

●彼《かれ》の（**洞察**）力は非常に鋭《するど》い。

□ 562 中傷

類語 陰口《かげぐち》・バッシング

根拠《こんきょ》のないことを言い、他人の**名誉《めいよ》を傷つける**こと。

バッシング→280
誹謗《ひぼう》中傷

●祖父は（**威厳**）のある人だった。

□ 563 きゃしゃ

類語 ひ弱

姿や形が、**ほっそり**としていて上品だが、**弱々しく**感じられるさま。⇔頑丈《がんじょう》

●戦場は常に（**悲惨**）だ。

□ 564 威《い》厳《げん》

類語 貫禄《かんろく》

堂々としていて、**厳《おごそ》かな**さま。

威風堂堂

●政治家を（**中傷**）する記事が出る。

565 しょげる

類語　しおれる

意味：元気を失う。がっかりする。

関連：青菜に塩

566 冷《れい》遇《ぐう》

類語　邪険《じゃけん》

意味：冷たい待遇をすること。⇔厚遇《こうぐう》・優遇

関連：木で鼻をくくる

567 故意

類語　意図的

意味：わざとすること。

関連：悪意

568 まどろむ

類語　うとうとする

意味：ちょっとの間だけ眠《ねむ》る。仮《か》眠《みん》する。

関連：うつらうつら　うたた寝《ね》

569 興奮

類語　高揚《こうよう》

意味：気持ちが何かに感じて高ぶること。エキサイト。

関連：熱狂《ねっきょう》→573

570 焦《こ》がれる

類語　求める・待望する

意味：あこがれる。心が苦しくなるほど、慕《した》わしく思う。切に望む。

関連：待望→685　待ちわびる→660　待ち焦がれる

用例　（　）に上の言葉のどれかを入れましょう。

- 飼い主に叱《しか》られて、子犬が（しょげる）姿はかわいらしい。
- 長年（焦がれ）ていた作家に会える日が、ついに来た。
- （故意）に負けてやるなんて、相手に失礼だ。
- 昼下がりの電車に乗って、少し（まどろん）だ。
- コンサートを翌日に控《ひか》えて（興奮）気味だ。
- 社内で（冷遇）されていることは承知のうえだ。

□ 571 情操

芸術や道徳などに対する、複雑で、**高度な感情**。心のあり方。

情操教育
情緒《じょうちょ》

□ 572 どよめく

類語 沸《わ》き返る・ざわめく

鳴り響《ひび》く。大勢の人が思わず声を出し、全体が**騒《さわ》がしくなる**。

興奮→569

□ 573 熱《ねっ》狂《きょう》

類語 夢中

異常に興奮し**熱中する**こと。

興奮→569

□ 574 恥《は》じらい

類語 照れ・はにかみ

恥ずかしがる気持ち。

□ 575 人となり

類語 人格

生まれつきの**性質**。天性。**人柄《ひとがら》**。

天性→464

□ 576 冷《れい》徹《てつ》

類語 明晰《めいせき》

冷静で物事の根本まで深く鋭《するど》く見通していること。

ドライ→648

- 初ゴールに観衆が（**どよめく**）。
- （**恥じらい**）を忘れてはしゃぐ花嫁《はなよめ》もいいね。
- 子どもの（**情操**）を育てるには、自然に触《ふ》れさせることが大切だ。
- ときには（**冷徹**）な目で真実を見つめるべきだ。
- 彼《かれ》の（**人となり**）を理解するためには、時間が必要だ。
- （**熱狂**）的なファンの声援《せいえん》を受ける。

577 あけすけ
類語 あけっぴろげ
意味 隠《かく》すことなく、遠慮《えんりょ》せずにはっきりとあらわすこと。
関連 あからさま→1162　赤裸々《せきらら》→1160　露骨《ろこつ》→853

578 居直る
類語 開き直る
意味 弱い立場から急に強い態度に変わる。

579 上《う》擦《わず》る
意味 声がかん高く浮《うわ》ついた調子になる。興奮して落ち着きを失う。
関連 足が地に着かない

580 円熟
類語 熟達
意味 人格や知識、技術などが十分に発達し、豊かな内容を持つようになること。
関連 熟練《じゅくれん》→410　脂《あぶら》が乗る

581 大《おお》様《よう》
類語 おっとり・寛大《かんだい》
意味 ゆったりと落ち着いていて、目先の小事にこだわらないさま。おおよそ。あらかた。
関連 鷹揚《おうよう》

582 仰々《ぎょうぎょう》しい
類語 大仰《おおぎょう》な
意味 おおげさでものものしい。
関連 ものものしい→1241　オーバー

用例 （　）に上の言葉のどれかを入れましょう。

- 緊張《きんちょう》のあまり、声が（ 上擦る ）。
- 晩年の作品は（ 円熟 ）味を増している。
- 歌舞伎《かぶき》の（仰々しい）立ち回りに拍手《はくしゅ》がおこる。
- （ 大様 ）に構えた先生のおかげで、落ち着いて考えて話せた。
- （あけすけ）な物言いが痛快で良いと人気が出た。
- 自分は悪くないと（ 居直っ ）てしまった。

基本語
第1章
第2章
第3章
第4章
第5章
第6章
第7章
第8章

□ 583

冗《じょう》長《ちょう》

類語 冗漫《じょうまん》

無駄《むだ》が多くだらだら長いさま。

長談義

●少年の悪びれない態度に（　唖然　）とした。

□ 584

がむしゃら

類語 猪突猛進《ちょとつもうしん》

周囲の状況《じょうきょう》などを無視して、めちゃくちゃに物事に当たるさま。

無我夢中《むがむちゅう》

●（たけだけしい）武士たちのドラマに心を躍《おど》らせる。

□ 585

たけだけしい

類語 精悍《せいかん》な・荒々《あらあら》しい

勇ましく強そうである。ずうずうしい。

厚かましい

盗人《ぬすっと》たけだけしい

●（　冗長　）な前置きはやめて本題に入る。

□ 586

体《てい》たらく

ほめられない状態。好ましくない様子。

醜態《しゅうたい》→1294

●自分の将来を（　楽観　）し過ぎるのも問題だ。

□ 587

唖《あ》然《ぜん》

驚《おどろ》きあきれるさま。

あっけに取られる

呆然《ぼうぜん》

●勝利のため、（がむしゃら）に練習した。

□ 588

楽観

類語 楽天

物事を好都合に考えること。将来を希望的に見ること。オプティミズム。⇔悲観

楽観的

楽観主義

●何という（体たらく）だ。

番号	言葉	類語	意味	関連
□ 589	相(合)性		相手との性格や調子の合いぐあい。	意気投合→932 馬が合う
□ 590	案じる	懸念《けねん》・憂慮《ゆうりょ》・危惧《きぐ》	あれこれと考えをめぐらす。工夫《くふう》する。心配する。気にかける。	危惧《きぐ》→484 懸念→628 憂慮→1273
□ 591	愚《ぐ》痴《ち》	泣き言・ぼやき	言っても仕方のないことを言って嘆《なげ》くこと。	
□ 592	屈《くっ》服《ぷく》	降伏《こうふく》・従属	負けて服従すること。	兜《かぶと》を脱《ぬ》ぐ
□ 593	異議	異論・抗議《こうぎ》	違《ちが》った議論・意見。反対の意見。	異議申し立て
□ 594	いたたまれない	やりきれない	その場にいられない。	きまりが悪い

用例 （　）に上の言葉のどれかを入れましょう。

- その判定に（　異議　）あり。
- 上司との（　相性　）が良いので、働きやすい職場だ。
- 権力に（　屈服　）したと思われるのは悔《くや》しい。
- 子どもの将来を（　案じる　）のは親として当然だ。
- 親として、（いたたまれない）思いで、裁判を傍聴《ぼうちょう》する。
- 今さら（　愚痴　）を並べても仕方がない。

基本語
第1章
第2章
第3章
第4章
第5章
第6章
第7章
第8章

番号	見出し語	類語	意味	関連語	例文
□ 595	疎《うと》い	疎遠《そえん》・不案内・無知	親しくない。**よく知らない**。	無知→557 門外漢→1461	●歴史に（疎い）人にそんなことを質問しても無駄《むだ》だ。
□ 596	おぼつかない	危《あや》うい	確かでなく**疑わしい**。たよりない。		●このままの状態では現状維持《いじ》すら（おぼつかない）。
□ 597	軽《けい》率《そつ》	無謀《むぼう》・浅はか	**軽はずみ**なさま。よく考えずに行動すること。⇔慎重《しんちょう》	慎重→506 無謀→721 うかつ→1264	●自分の（軽率）な行動を反省してほしい。
□ 598	ネガティブ		否定的。**消極的**。⇔ポジティブ	ポジティブ→692	●（ネガティブ）な考え方ばかりしていては、新たな挑戦《ちょうせん》につながらない。
□ 599	仁義	義理・倫理《りんり》	人間が**守るべき道徳**。	仁義礼智《れいち》	●彼《かれ》のやり方は（仁義）に外れている。
□ 600	憂《ゆう》鬱《うつ》	鬱屈《うっくつ》・屈託《くったく》	**気がふさぐ**こと。気持ちが晴れないこと。		●毎日毎日、同じ作業の繰《く》り返しばかりで（憂鬱）な気分になる。

言葉 / **意味** / **関連**

□ 601 **ありきたり**
類語 月並《つきな》み・平凡《へいぼん》
意味：新味や**工夫《くふう》のない**こと。

□ 602 **わだかまり**
類語 心残り・しこり
意味：解消されないで残っている**不信**や**疑念**、**不満**など。

□ 603 **濃《のう》密《みつ》**
類語 濃厚《のうこう》・高濃度
意味：色合いや味わいの濃《こ》いこと。**密度が濃い**こと。
関連：凝縮《ぎょうしゅく》

□ 604 **ひるむ**
類語 おじけづく・臆《おく》する
意味：恐《おそ》れて**気力が抜《ぬ》ける**。
関連：おじけづく→493　足がすくむ→773　臆する→1220

□ 605 **はぐらかす**
類語 ごまかす
意味：話題を変えたりして相手の**関心をそらす**。
関連：お茶を濁《にご》す

□ 606 **分相応**
類語 適切・似つかわしい
意味：その人の**能力や地位にふさわしい**こと。⇔分不相応
関連：破《わ》れ鍋《なべ》に綴《と》じ蓋《ぶた》

用例　（　）に上の言葉のどれかを入れましょう。

- 会議は白熱し、参加者にとっては（　**濃密**　）な時間となった。
- （**ありきたり**）の言い訳は通用しない。
- この役職なら（　**分相応**　）といえるね。
- 一瞬《いっしゅん》（　**ひるん**　）だすきに逃《に》げられた。
- 刑事《けいじ》の追及《ついきゅう》をうまく（**はぐらかす**）。
- 長年の（**わだかまり**）を捨てて協力し合う。

□ 607 逆境

類語　苦境

不遇《ふぐう》な境遇。⇔順境　**苦労の多い**境遇。

環境《かんきょう》→**2**　窮地《きゅうち》

□ 608 じれったい

類語　いらだたしい・焦《あせ》る

はがゆい。**もどかしい**。ことが進まないのでじっとしていられない。

隔靴掻痒《かっかそうよう》

□ 609 不手際《ふてぎわ》

類語　失態・しくじり

やり方や出来ばえが悪いこと。

□ 610 持て余す

取り扱《あつか》いに困る。**手に負えない**で困る。手に余る。

煙《けむ》たい

□ 611 早合点《はやがてん》

類語　先走る

早のみこみ。十分に理解しないうちにわかったと思うこと。

早とちり　一知半解

□ 612 取り越《こ》し苦労

類語　杞憂《きゆう》

起きるかどうかわからないことを、あれこれ**想像して心配する**こと。

案じる→**590**　杞憂→**1489**

● 初動捜査《そうさ》の（**不手際**）で犯人をとり逃《に》がす。

● 隕石《いんせき》の落下は（**取り越し苦労**）ではなかった。

● （**早合点**）して祝電を打って、恥《はじ》をかいた。

● （**逆境**）にめげずに助け合う人々。

● 長い休みで、暇《ひま》を（**持て余し**）ている。

● 結論が次回に持ち越《こ》されたとは（**じれったい**）。

	言葉	意味	関連
□ 613	気味悪い	怖《こわ》いように思われる。何となく気持ちが悪い。	
□ 614	謙《けん》虚《きょ》 類語 つつましい	相手を重んじ控《ひか》え目なさま。	控《ひか》え目→511 腰《こし》が低い→837 誠実
□ 615	たしなめる 類語 いさめる・諭《さと》す	穏《おだ》やかに注意し、反省を促《うなが》す。	諭す→621 戒《いまし》める→625 いさめる→1045
□ 616	自負 類語 自任・自尊	自分の能力や仕事に自信を持つこと。また、その心。	自負心
□ 617	見くびる 類語 侮《あなど》る・ないがしろ	軽視する。事態を、たいしたことがないと考える。	ないがしろ→730 馬鹿《ばか》にする
□ 618	優越感《ゆうえつかん》 類語 鼻高々・おごり	自分が他より優《すぐ》れていると思う感情。	意気揚揚《いきようよう》

用例 （　）に上の言葉のどれかを入れましょう。

- 幽霊《ゆうれい》でも出そうで（気味悪い）。
- 母に（たしなめ）られて、弟と仲直りする。
- 格下の相手だからといって（見くびっ）てはならない。
- 自分だけがほめられて、（優越感）に浸《ひた》る。
- 彼《かれ》の（謙虚）な態度に感心する。
- 大勢の人に支持されているという（自負）がある。

□ 619 おこがましい

類語 さしでがましい

出すぎていて生意気だ。身のほど知らずである。ずうずうしい。

分不相応
いけしゃあしゃあ

□ 620 恐《おそ》れ多い

類語 恐縮《きょうしゅく》だ

とてもありがたくて、かたじけない。もったいない。

御《おん》の字《じ》→1207
かたじけない→1265

□ 621 諭《さと》す

類語 いさめる・たしなめる

言い聞かせる。

たしなめる→615
戒《いまし》める→625
いさめる→1045

□ 622 こびる

類語 へつらう・おもねる

相手に気に入られようと振《ふ》る舞《ま》う。ご機嫌《きげん》を取る。

へつらう→479
迎合→1146
おもねる→1533

□ 623 服従

類語 言いなり・盲従《もうじゅう》

おとなしく、他人の命令や意志に従うこと。

盲従《もうじゅう》→1505
屈《くっ》する

□ 624 嫌《けん》悪《お》

類語 憎悪《ぞうお》・嫌忌《けんき》

ひどく嫌《きら》うこと。

憎悪→467

● どんなに母に（ こび ）ても、お小遣《こづか》いは値上がりしなかった。

● 不正を（ 嫌悪 ）する心を育てよう。

● 殿様《とのさま》から直々に声をかけられ、（恐れ多く）て顔を上げられない。

● 犬は飼い主に絶対（ 服従 ）だ。

● 先生は生徒の過《あやま》ちを優《やさ》しく（ 諭し ）た。

● 晴れがましい席でスピーチするのは（おこがましい）気がする。

□ 625 戒《いまし》める

言葉 戒《いまし》める

類語 いさめる・警告する

意味 悪いことや過《あやま》ちを犯《おか》さないよう**教え諭《さと》す**。

関連 警告→322　たしなめる→615　いさめる→1045

□ 626 奇《き》特《とく》

言葉 奇《き》特《とく》

類語 殊勝《しゅしょう》・健気《けなげ》

意味 行いや心がけが**優《すぐ》れている**こと。

□ 627 独創的

言葉 独創的

類語 創造的

意味 他人のまねをせず、**自分ひとりで考えて物を作り出す**さま。⇔模倣《もほう》

関連 オリジナリティー

□ 628 懸《け》念《ねん》

言葉 懸《け》念《ねん》

類語 憂慮《ゆうりょ》・案じる・危惧《きぐ》

意味 悪い結果になることを、**危《あや》ぶみ、恐《おそ》れる**こと。

関連 危惧→484　案じる→590　憂慮→1273

□ 629 受動的

言葉 受動的

意味 物事への対処の仕方が**受身**であるさま。⇔能動的

関連 能動的→503

□ 630 負《ま》け惜《お》しみ

言葉 負《ま》け惜《お》しみ

意味 負けたり失敗したりしたのに、それを認めず、**色々な理屈《りくつ》をつけて強がる**こと。

関連 負《ま》けず嫌《ぎら》い

用例 （　）に上の言葉のどれかを入れましょう。

- 練習不足なので、失敗するのではないかと（ 懸念 ）している。
- 過保護に育てると、子どもは（ 受動的 ）になる。
- 休みの度《たび》に無償《むしょう》で公園の清掃《せいそう》をしているなんて、（ 奇特 ）な人がいたものだ。
- 試合の結果に納得《なっとく》できず、（負け惜しみ）を言う。
- （ 独創的 ）なイラストに驚《おどろ》く。
- 常に自分の言動を（ 戒める ）ことが大切だ。

631 士気

類語 志気・意気

集団で物事を行うときの人々の心持ち、気合。

モチベーション→463

632 精を出す

類語 励《はげ》む・いそしむ

一生懸命《いっしょうけんめい》に物事をする。

いそしむ→1244
粉骨砕身《ふんこつさいしん》

633 苦節

苦しみに負けず、考えや態度を守り抜《ぬ》くこと。

634 あえぐ

類語 もだえる

苦しそうな息をする。うまくいかず悩《なや》む。

塗炭《とたん》の苦しみ

635 落《らく》胆《たん》

類語 気落ち・失望

期待が外れてがっかりすること。

うちひしがれる→1243
気が抜《ぬ》ける

636 そこはかとない

類語 なんとはなしに

特別にどこがというわけではないが、全体的にそのように感じられるさま。

つかみ所がない

- 八十歳《さい》になっても畑仕事に（精を出す）。
- この曲には（そこはかとない）郷愁《きょうしゅう》を覚える。
- （苦節）五十年。ついに努力が認められた。
- 不況《ふきょう》に（あえぐ）中小企業《きぎょう》が増加する。
- 参加者の（士気）が上がってきた。
- 試験の結果、思うように点数が伸《の》びず、（落胆）の色を隠《かく》せない。

言葉／意味／関連

□ 637 緊《きん》迫《ぱく》

類語 切迫・急迫

緊張した状態。非常に差し迫《せま》っていること。

切迫→1195
尻《しり》に火がつく

□ 638 気がはやる

類語 気が急《せ》く

早く実現させたくて気持ちが焦《あせ》る。勇み立つ。

矢も盾《たて》もたまらず

□ 639 気に病《や》む

類語 心配する・悩《なや》む

心にかけて気をもむ。

胸《むね》を痛める

□ 640 懸《けん》命《めい》

類語 必死・精一杯《せいいっぱい》

力を尽《つ》くして頑張《がんば》るさま。命がけ。

死に物狂《ぐる》い

□ 641 心ここにあらず

類語 放心・茫然《ぼうぜん》

他の物事に心を奪《うば》われていて、目の前の物事に集中できないさま。

放心→497
茫然→500

□ 642 たじろぐ

類語 臆《おく》する・畏怖《いふ》する

圧倒《あっとう》されてひるむ。尻込《しりご》みをする。動揺《どうよう》する。

臆する→1220
二の足を踏《ふ》む

用例 （　）に上の言葉のどれかを入れましょう。

- リフトに乗っている間も（気がはやっ）て仕方がない。
- 何があったのか、彼女《かのじょ》は今朝から（心ここにあらず）だ。
- （懸命）に取り組む姿は見習いたい。
- 犬に吠《ほ》えられて、思わず（たじろい）でしまった。
- 現場に（緊迫）した空気が流れる。
- 何をいつまでも（気に病ん）でいるんだい。

基本語 第1章 第2章 第3章 第4章 第5章 第6章 第7章 第8章

□ 643

さもしい

類語 意地《いじ》汚《きたな》い

心が卑《いや》しい。あさましい。

● 登山をして（　英気　）を養う。

□ 644

悪徳

類語 不正・不義

人の道を外れた悪い行為《こうい》。そのような行為を犯《おか》す心。

⇔美徳

悪徳業者

● （さもしい）根性で成功を目指してもうまくいかない。

□ 645

英気

類語 元気・生気

気力。やる気。

生気→494

● 彼《かれ》の仕事への取り組み方は、とても（エネルギッシュ）だ。

□ 646

気《き》後《おく》れする

類語 おじけづく

自信をなくし、心がひるむ。

おじけづく→493
ひるむ→604
及《およ》び腰《ごし》→842

● （　ドライ　）な性格の人は深く落ち込《こ》まない。

□ 647

エネルギッシュ

類語 精力的

生き生きとして積極的なさま。元気が旺盛《おうせい》なさま。

生気→494
バイタリティー

● 敵のあまりに立派な態度に、（気後れし）てしまった。

□ 648

ドライ

類語 非情

乾《かわ》いているさま。物事を割り切るさま。合理的で現実的なさま。⇔ウエット

非情→558
冷徹《れいてつ》→576
ウエット→747

● 弱味につけ入るやり方は、（　悪徳　）だ。

	言葉	意味	関連
□ 649	追《おい》討《う》ち	追撃《ついげき》。弱っている者にさらに打撃を与《あた》えること。	
□ 650	地で行く	飾《かざ》らずにありのまま振《ふ》る舞《ま》う。	
□ 651	羽目を外す 類語 悪乗りする	調子に乗って度《ど》を越《こ》す。	羽を伸《の》ばす→870
□ 652	たきつける 類語 あおる・そそのかす	おだてたり、けしかけたりして、その気にしむける。	けしかける→519 促《うなが》す→527 あおる→1044
□ 653	つましい 類語 簡素・庶民《しょみん》的	暮らしぶりが地味で質素である。	
□ 654	直感 類語 第六感・予感	物事を感覚的に捉《とら》えること。	虫の知らせ

用例 （　）に上の言葉のどれかを入れましょう。

● 悲しみに（ 追討ち ）をかけるような発言だ。

● 巧《たく》みに（たきつけ）て仲間に引き込《こ》む。

● 道が二手に分かれ、（ 直感 ）的に、右の道へ進んだ。

● この役柄《やくがら》なら（地で行け）るね。

● 昔は日本全体が（つましい）生活をしていた。

● 成人式で（羽目を外す）若者が多い。

番号	語	類語	意味	関連語	例文
□ 655	埒《らち》が明かない	遅滞《ちたい》する・手間取る	物事の決まりがつかない。事態が進展しない。はかどらない。	埒もない	●誤報とわかり、（ぬか喜び）だった。
□ 656	一線を画す	けじめをつける	相互《そうご》の区別をはっきりさせること。		●当事者だけで話し合っていても（埒が明かない）。
□ 657	言葉を濁《にご》す	口を濁す	はっきりと言わずにぼかす。	言を左右する	●合格通知が届くのを（待ちわび）ている。
□ 658	はき違《ちが》える		考え違いをする。意味・内容を取り違える。	思い違い	●問い詰《つ》められて（言葉を濁す）。
□ 659	ぬか喜び	期待外れ	あてが外れた、はかない喜び。		●自由を（はき違え）ている人が多い。
□ 660	待ちわびる	待《ま》ち焦《こ》がれる	来るのが遅いので、気をもみ、心配しながら待つこと。	焦がれる→570 待望→685 待ちぼうけ	●あの人とは（一線を画し）てつき合いたい。

661 業《ごう》を煮《に》やす

意味 思うように事が運ばずいらだつ。

関連 いらだつ→537

662 固唾《かたず》をのむ

類語 注視する

意味 事の成り行きを案じて見守るさま。

関連 注視→1126

663 真《ま》に受ける

類語 思い込《こ》む・信じる

意味 本気にする。

664 錯《さっ》覚《かく》

類語 勘違《かんちが》い・幻覚《げんかく》

意味 事実とは異なるが、そうであるかのように思うこと。

関連 幻覚→135

665 承《しょう》諾《だく》

類語 了承《りょうしょう》・承認

意味 他人の依頼《いらい》や要求などをもっともと思い、引き受けること。

関連 納得《なっとく》→516　事後承諾

666 ほとほと

類語 心底

意味 本当に。すっかり。嫌《いや》な思いをしたり、困り果てたりしたときにいう。

用例 （　）に上の言葉のどれかを入れましょう。

- 彼《かれ》の言葉を（真に受ける）ほど愚《おろ》か者ではない。
- 全員の（　承諾　）を得ることは難しい。
- （業を煮やし）た父が上京してきた。
- 赤ん坊《ぼう》の夜泣きに（ほとほと）疲《つか》れ果てる。
- 曲がって見えたのは、きっと目の（　錯覚　）でしょう。
- 綱渡《つなわた》りを（固唾をのん）で見守る。

□ 667

目ざとい

類語 鋭《するど》い・鋭敏《えいびん》

見つけるのがすばやい。**目が早い**。わずかな物音などですぐ目が覚める。

鋭敏→466
目が早い

□ 668

本位

類語 土台・基礎《きそ》

考えや行動などの**基本**になるもの。**基準**になるもの。

□ 669

本《ほん》望《もう》

類語 宿願・本懐《ほんかい》

本来の望み。かねてからの希望。もとからの志。

本望を遂《と》げる

□ 670

茶化す

類語 冷やかす

冗談《じょうだん》のように扱《あつか》って、**からかう**。**ごまかす**。

煙《けむ》に巻《ま》く→878

□ 671

生半可

類語 生《なま》かじり

中途半端《ちゅうとはんぱ》で未熟なこと。

生かじり→1360

□ 672

野心

類語 大望・野望

現在よりも**更《さら》に高い**権力や名誉《めいよ》、財力などを**得ようとする**心。

野心家

- 乗客さえ助かれば、船長として命を落としても（ 本望 ）だ。
- 真面目に話しているのに、（ 茶化さ ）ないでくれないか。
- 信長《のぶなが》は（ 野心 ）のかたまりのような人だ。
- サンタクロースのプレゼントを（目ざとく）みつける。
- （ 生半可 ）な気持ちで反対しているのではない。
- お客様（ 本位 ）のサービスをモットーとする。

番号	言葉	類語	意味	関連
□ 673	小ぢんまり	小規模	小さいながら整っているさま。	
□ 674	れっきとした	紛《まぎ》れもない・正真正銘《しょうしんしょうめい》	身分・家柄《いえがら》などが高くて立派なさま。疑う余地がないほど確かなさま。	
□ 675	極度	過度・極端《きょくたん》	程度の甚《はなは》だしいこと。⇔適度	
□ 676	おぼろげ	曖昧《あいまい》・ぼんやり	はっきりしないさま。	曖昧→513 漫然《まんぜん》→1516
□ 677	究極	極限・最後	ある物事を押《お》し詰《つ》めて最後に到達《とうたつ》するところ。	とどのつまり→873
□ 678	安直	安易・簡便	十分に考えたり手間をかけたりしないこと。また、そのさま。	気軽

用例 （　）に上の言葉のどれかを入れましょう。

● これでも（れっきとした）研究者だよ。

● （安直）に引き受けたことを後悔《こうかい》する。

● 昨夜のことは（おぼろげ）にしか覚えていない。

● （究極）の選択《せんたく》を迫《せま》られて頭をかかえこむ。

● （小ぢんまり）とした家だとほめられて複雑な気分だ。

● （極度）の緊張感《きんちょうかん》に襲《おそ》われる。

679 厳密
類語 精密・正確
細かな点まで**厳しく行う**さま。

680 絶《ぜつ》妙《みょう》
類語 鮮《あざ》やか・巧妙《こうみょう》
この上なく**巧《たく》み**であること。
鮮やか→700

681 忍《にん》耐《たい》
類語 我慢《がまん》・辛抱《しんぼう》
苦しみ・つらさ・怒《いか》りなどを、**耐《た》え忍《しの》ぶ**こと。
忍ぶ→547
忍耐力
忍耐強い

682 殺風景
類語 味気ない
景色などが**単調で趣《おもむき》のない**こと。おもしろみがなく、興ざめすること。
荒涼《こうりょう》

683 起《き》伏《ふく》
勢いなどが**盛《さか》んになったり衰《おとろ》えたり**すること。地形の高低。アップダウン。波乱。
山あり谷あり

684 一存
類語 私見・独断
一人だけの考え。

- （ **絶妙** ）なパスにより、シュートが決まった。
- 意外に（ **殺風景** ）な応接室に通された。
- 彼《かれ》の（ **忍耐** ）がついに限界を超《こ》える。
- 社長の（ **一存** ）で何事も決まる。
- 祖父の（ **起伏** ）に富んだ生涯《がい》を描《えが》くつもりだ。
- （ **厳密** ）に言うと、私は見習い看護師です。

番号	言葉	意味	関連
□ 685	待望　類語 期待	待ち望むこと。	焦《こ》がれる→570　待ちわびる→660
□ 686	ときめく	胸が期待のためどきどきするさま。時勢に合ってもてはやされるさま。	胸騒《むなさわ》ぎ
□ 687	和《なご》やか	おだやか。ものやわらか。	和気あいあい
□ 688	配《はい》慮《りょ》　類語 気配り・計らい	心づかい。心配り。	計らい→1043
□ 689	茶目	愛嬌《あいきょう》があり、こっけいで、いたずらっぽいこと。	茶目っ気
□ 690	陽気　類語 朗《ほが》らか・明朗	天候。時候。うきうきした感じでにぎやかなこと。性質の明るく快活なこと。	明朗→1292

用例　(　)に上の言葉のどれかを入れましょう。

- ●(　待望　)の新薬が承認《しょうにん》される。
- ●彼女《かのじょ》の仕草は、お(　茶目　)でかわいい。
- ●彼《かれ》は、(　陽気　)に踊《おど》り始めた。
- ●(　和やか　)な記者会見の様子でほっとした。
- ●高齢者《こうれいしゃ》に(　配慮　)して、駅のバリアフリー化を考える。
- ●今を(ときめく)作家が、次作について語る。

□ 691

余《よ》裕《ゆう》

類語 悠々《ゆうゆう》・余白

気持ちがゆったりしていること。必要な分の他に余りがあること。

余裕しゃくしゃく

●心に（ 余裕 ）がないと、人に優《やさ》しくなれない。

□ 692

ポジティブ

類語 建設的

積極的なさま。肯定的《こうていてき》なさま。⇔ネガティブ

ネガティブ→598
プラス思考

●困難に直面して、（ 底力 ）を発揮した。

□ 693

勢い

類語 威勢《いせい》

他を押《お》さえつけるような盛《さか》んな力。（副詞として）事の成り行きで。はずみで。

破竹の勢い

●（ポジティブ）な若者が減少しているのはなぜだろうか。

□ 694

底力

類語 地力・本領

いざというときに出る強い力。

●（そつがない）応対で、客の機《き》嫌《げん》が良い。

□ 695

超人的《ちょうじんてき》

類語 驚異《きょうい》的

普通《ふつう》の人よりはるかに超《こ》えている能力を持っていること。

離《はな》れ業《わざ》

●その場の（ 勢い ）で、思わず告白してしまった。

□ 696

そつがない

類語 如才《じょさい》ない

手抜《てぬ》かりがない。抜け目がない。

至れり尽《つ》くせり

●彼《かれ》の（ 超人的 ）な活躍《かつやく》で逆転した。

	言葉	類語	意味	関連
697	温《おん》厚《こう》	温和・柔和《にゅうわ》	穏《おだ》やかで情に厚いこと。	温和→505 厚意→707 柔和→1298
698	可《か》憐《れん》	愛らしい	いじらしく、かわいらしいこと。	
699	寛《かん》容《よう》	寛大・おおらか	心が広く、人を許し受け入れること。⇔厳格・狭量《きょうりょう》	大目に見る
700	鮮《あざ》やか	鮮明《せんめい》・華麗《かれい》・絶妙《ぜつみょう》	美しくはっきりしているさま。	絶妙→680
701	細心	丁寧《ていねい》・綿密	細かいことまで注意をはらう心がけのこと。	綿密→1070 微《び》に入り細にわたり
702	献身的《けんしんてき》	親身になって	自己犠牲的《ぎせいてき》に他のために尽《つ》くすさま。	

用例 （ ）に上の言葉のどれかを入れましょう。

●手術には（ 細心 ）の注意が払《はら》われる。

●病人に（ 献身的 ）に尽《つ》くす。

●異文化に（ 寛容 ）な政策を期待したい。

●（ 鮮やか ）なサヨナラホームランだった。

●彼《かれ》は性格が（ 温厚 ）だ。

●（ 可憐 ）に見える草花も意外にたくましい。

□ 703

しなやか

類語 たおやか

上品なさま。弾力《だんりょく》に富んでたわむさま。

●（　健全　）な精神の育成に努める。

□ 704

充《じゅう》実《じつ》

類語 充足

内容が満ちて豊富なさま。

●この絵には、作者の（　気迫　）が感じられる。

□ 705

くつろぐ

類語 羽を伸《の》ばす

ゆるくなる。うちとける。のびのびする。

羽を伸《の》ばす→870
リラックス

●部活と勉強の両方で、生活が（　充実　）している。

□ 706

健全

類語 健康・正常

健《すこ》やかで異常のないこと。堅実《けんじつ》で危なげがないこと。

●体操選手である彼女《かのじょ》は、（しなやか）な歩き方をする。

□ 707

厚《こう》意《い》

類語 親切・善意

思いやりのある心。

温厚→697

●多くのボランティアの人々の（　厚意　）が身にしみる。

□ 708

気《き》迫《はく》

類語 気力・気魂《きこん》

激しい意気込《ご》み。強い精神力。

血眼《ちまなこ》になる→856
迫力

●温泉に入って（くつろぎ）たい。

番号	言葉	類語	意味	関連
709	長《た》ける		優《すぐ》れていること。	有能 得意
710	てきぱき	迅速《じんそく》	すばやく手際《てぎわ》よく物事を行うさま。はきはきしていること。スピーディ。	
711	抜《ばっ》群《ぐん》	傑出《けっしゅつ》	飛び抜《ぬ》けて優《すぐ》れているさま。	
712	有望	多望	将来に望みの多いこと。見《み》込《こ》みがあること。	前途《ぜんと》洋洋《ようよう》
713	克《こっ》服《ふく》	克己《こっき》	努力して困難に打ち勝つこと。	乗り越《こ》える
714	率《そっ》先《せん》	先駆《せんく》・先導	先に立って行動すること。	先駆者→1115 率先垂範《すいはん》

用例 （　）に上の言葉のどれかを入れましょう。

- 将来（ 有望 ）な選手の育成に力を入れる。
- （ 抜群 ）の成績で卒業する。
- 難病を（ 克服 ）して社会復帰する。
- （てきぱき）と指図して、すばやく片付ける。
- その道に（ 長け ）た人の指導を受けたい。
- 自ら（ 率先 ）してボランティア活動に取り組む。

基本語
第1章
第2章
第3章
第4章
第5章
第6章
第7章
第8章

□ 715 信念

類語 信条・価値観

それが正しいと信じ、貫《つらぬ》き通そうとする心。

価値観→115
理念→233
良心→718

●逆境の中でも、（信念）を曲げずに行動する。

□ 716 黙《もく》々《もく》

類語 黙然

黙《だま》って仕事に精を出すさま。

不言実行

●元金に利子までつけて返すなんて、今どき（律儀）な人だ。

□ 717 苦《く》渋《じゅう》

類語 苦悩《くのう》・煩悶《はんもん》

物事がうまく進まず苦しむこと。

●（おちおち）昼寝《ひるね》もしていられない。

□ 718 良心

善悪を判断し、人として正しい行動をしようとする心。

価値観→115
理性→134
信念→715

●（黙々）と努力する人が好きだ。

□ 719 律《りち》儀《ぎ》

類語 真面目・正直

ひどく義理堅《がた》いこと。実直なこと。

●（苦渋）の決断をする。

□ 720 おちおち

類語 ゆっくり

落ち着いているさま。安心して。下に打ち消しを伴《ともな》う。

●自分の（良心）に従って行動する。

□ 721 無《む》謀《ぼう》

類語 軽率・向こう見ず

意味 よく考えずに行うこと。

関連 軽率→597 向こう見ず→735

□ 722 無造作

類語 大雑把《おおざっぱ》・いい加減

意味 気にせず技巧《ぎこう》を凝《こ》らさないこと。あまり慎重《しんちょう》でないさま。

関連 ぞんざい→734

□ 723 はかない

類語 あえない・あっけない

意味 消えてなくなりやすい。確かでなく頼《たの》みにならない。

関連 あえない→1225 有為転変《ういてんぺん》

□ 724 つれない

類語 冷淡《れいたん》・不親切

意味 思いやりがない。よそよそしい。

関連 取りつく島もない→909

□ 725 見掛《みか》け倒《だお》し

類語 期待外れ

意味 外見は立派だが中身がたいしたことないこと。

関連 羊頭狗肉《ようとうくにく》

□ 726 こわばる

類語 硬直《こうちょく》する

意味 固くなって自由に動かなくなる。

用例 （　）に上の言葉のどれかを入れましょう。

- 花火も桜も、美しいものは（はかない）ね。
- 軽装での冬山登山は（　無謀　）だ。
- （見掛け倒し）と非難されないよう中身を磨《みが》きたい。
- 自分でも顔が（こわばる）のを感じた。
- 親友の（つれない）一言に落胆《らくたん》する。
- 長い髪《かみ》を（　無造作　）に束ねたスタイル。

□ 727

不謹慎《ふきんしん》

類語 失礼・無神経

慎《つつし》みに欠けていること。不真面目。

- 金の（ 亡者 ）になり果てる。

□ 728

否認《ひにん》

類語 否定・不承知

事実を認めないこと。承認

首を横に振《ふ》る

- 基本を（ないがしろ）にせず、細かい所まで丁寧《ていねい》にするべきだ。

□ 729

亡者《もうじゃ》

類語 守銭奴《しゅせんど》

金銭や権力などに対する執《しゅう》念《ねん》に取りつかれている者。死者の意味もある。

- 豊かさのせいで、（ 利己 ）的な若者が増える。

□ 730

ないがしろ

類語 見くびる・軽視

侮《あなど》り軽《かろ》んじるさま。

見くびる→617
袖《そで》にする

- こんなときに笑うなんて（ 不謹慎 ）きわまりない。

□ 731

深刻

類語 ゆゆしい

事態が重大で切実なさま。シリアス。

ゆゆしい→1252
笑い事ではない

- 新卒者の就職難が（ 深刻 ）だ。

□ 732

利己

類語 身勝手

自己中心的に物事を考えること。⇔利他

利他→752
我田引水《がでんいんすい》→930

- 容疑者は犯行を（ 否認 ）し続けている。

□ 733

水臭《くさ》い

類語 他人行儀《たにんぎょうぎ》

意味 親しい間柄《あいだがら》なのに、**よそよそしい**。

□ 734

ぞんざい

類語 大雑把《おおざっぱ》・杜撰《ずさん》

意味 取り扱《あつか》いが**丁寧《ていねい》でない**こと。いいかげんなさま。乱暴なさま。

関連 無造作→722　杜撰→1502

□ 735

向こう見ず

類語 無謀《むぼう》・無鉄砲《むてっぽう》

意味 **結果も考えずに行動する**さま。

関連 無謀→721　命知らず

□ 736

抜《ぬ》かる

類語 しくじる

意味 **油断して失敗**する。

関連 猿《さる》も木から落ちる

□ 737

見《み》透《す》かす

類語 見通す・見破る

意味 透かして見る。**見抜《みぬ》く**。

□ 738

ぎくしゃく

類語 ぎこちない

意味 言葉や動作が滑《なめ》らかでないさま。物事が**スムーズに進まない**こと。

用例

（　）に上の言葉のどれかを入れましょう。

- （**ぞんざい**）な口のきき方は改めるべきだ。
- 最近、友達との関係が（**ぎくしゃく**）している。
- 次の政策に（ **抜かる** ）ことは許されない。
- 先生に全てを（**見透かさ**）れていた。
- 転校するのを黙《だま》っていたなんて（ **水臭い** ）な。
- 夏目漱石《なつめそうせき》の『坊《ぼ》っちゃん』は、（**向こう見ず**）な青年が主人公だ。

□ 739

ふがいない

情けなく**だらしない**。意《い》気《く》地《じ》がない。

軟弱《なんじゃく》 → 508

●つい（**魔が差し**）て、ルール違《い》反《はん》をしてしまった。

□ 740

魔《ま》が差す

ふと**悪い心**を起こす。

●クラス中の（　**失笑**　）を買ってしまった。

□ 741

不《ふ》摂《せっ》生《せい》

不養生。**健康に注意しない**こと。

●長年の（**不摂生**）がたたって病気になる。

□ 742

失《しっ》笑《しょう》

類語 吹《ふ》き出す

おかしくて**思わず笑う**こと。

嘲笑《ちょうしょう》 → 1311

●（　**誘惑**　）に負けて、宿題を投げ出して遊びに出かける。

□ 743

たわいない

類語 つまらない

取るに足りない。とりとめもない。

●（**たわいない**）冗談《じょうだん》から大げんかになった。

□ 744

誘《ゆう》惑《わく》

類語 魅《み》惑《わく》

誘《さそ》い込《こ》むこと。

魅惑 → 1291
甘言《かんげん》

●（**ふがいない**）成績で終わるつもりはない。

言葉 / **意味** / **関連**

□ 745
猫《ねこ》かぶり
本性《ほんしょう》を隠《かく》して、おとなしそうなふりをすること。
関連：ぶりっ子

□ 746
シリアス
真面目なさま。厳粛《げんしゅく》なさま。事件や問題などが重大で深刻なさま。
関連：シリアスドラマ

□ 747
ウエット
湿《しめ》った。情にもろいさま。
⇔ドライ
関連：ドライ→648　ウエットティッシュ

□ 748
素　行
類語 品行・振《ふ》る舞《ま》い
普段《ふだん》の生活。平素の行動。
関連：素行調査

□ 749
修《しゅ》羅《ら》場《ば》
類語 地獄《じごく》・阿《あ》鼻《び》叫喚《きょうかん》
悲惨《ひさん》な場面。

□ 750
病《や》み付き
物事に熱中してやめられなくなること。あることに心を奪《うば》われること。
関連：執心《しゅうしん》

用例 （　）に上の言葉のどれかを入れましょう。

- （猫かぶり）でも、本性《ほんしょう》が見え隠《かく》れする。
- 同じ兄弟でも兄の方が（ウエット）な性格だ。
- 古道具屋通いが（病み付き）になった。
- 何度も（修羅場）をくぐり抜《ぬ》けてきた。
- （素行）の悪い生徒の家庭を訪問する。
- 時には（シリアス）な社会派ドラマも見たいものだ。

□ 751

虚栄心《きょえいしん》

見栄《みえ》を張る気持ち。

うぬぼれ
ナルシシズム

●ライバルへの（当てつけ）に、百点のテストを見せびらかす。

□ 752

利他

類語 無私

他人の幸福を願うこと。自分を犠牲《ぎせい》にしても他人に利益を与《あた》えること。⇔利己

利己→732
無私→978
利他的

●女性の（虚栄心）をくすぐるようなキャッチフレーズだ。

□ 753

当てつけ

類語 面当《つら》て・嫌《いや》がらせ

他のことにかこつけて、嫌みや皮肉を言う。あてこすり。

●（会心）のホームランを打つ。

□ 754

会心

類語 満足

心にかなうこと。

●事件の（動機）がわからない。

□ 755

動機

類語 契機《けいき》・動因

人が行動を起こしたり、決意したりするときの原因や目的。

モチベーション→463

●利己主義者には（利他）の心がない。

□ 756

洞察力《どうさつりょく》

類語 眼力・眼識

物事を見抜《みぬ》く能力。

先見の明

●（洞察力）の鋭《するど》さが作家の武器となる。

	言葉	意味	関連
757	人《ひと》心《ごこ》地《ち》	生きた心地。	安堵《あんど》→1283 安心
758	高《たか》飛《び》車《しゃ》 類語 高姿勢	頭ごなしに相手を押《お》さえつけること。高圧的なさま。	高圧的→1277
759	めっそうもない	とんでもない。あるべきことではない。	
760	郷《きょう》愁《しゅう》 類語 望郷	他郷にある人が故郷を懐《なつ》かしむ思い。ノスタルジア。	
761	安《あん》泰《たい》	安らかなこと。危険や不安がないこと。	安全 安心
762	親密 類語 なじみ	非常に親しい関係にあること。⇔疎遠《そえん》	

用例　（　）に上の言葉のどれかを入れましょう。

- 人家の明かりが見えて、やっと（人心地）がついた。
- 国家の（安泰）を願う。
- 二人は（親密）な関係だ。
- 相手が（高飛車）に出るなら、こちらもそのつもりだ。
- たいしたこともしていないのにお礼だなんて、（めっそうもない）。
- 石川啄木《いしかわたくぼく》の短歌は、（郷愁）を感じさせる。

第6章 体の部分を含《ふく》む語句

763 手をこまねく

類語 傍観《ぼうかん》

何もできないでいる。何もしないでいる。

傍観《ぼうかん》→1021
無為《むい》→1517
無策

●この件から（手を引か）せてもらいたい。

764 手を尽《つ》くす

類語 試行錯誤《しこうさくご》

いろいろな方法・手段を試みる。

試行錯誤→933

●このまま（手をこまねい）て見ている気になれない。

765 手を引く

類語 見切る・退く

それまであった関係を絶つ。

見限る

●試験が終わり、宿題も終わらせたので、（大手を振っ）て遊びに出かけられる。

766 手取り足取り

類語 親切・懇切《こんせつ》

細かいところまで丁寧《ていねい》に教え導くさま。

懇切《こんせつ》→1272
噛《か》んで含《ふく》める→1486

●八方（手を尽くし）たが、だめだった。

767 大手《おおで》を振《ふ》る

類語 我《わ》が物顔

他人に遠慮《えんりょ》せず、堂々と行動する。

横行→1055

●どんな（奥の手）を出してくるのか楽しみだ。

768 奥《おく》の手

類語 秘策・便法

とっておきの有力な手段や方法。秘訣《ひけつ》。極意《ごくい》。

便法→1176

●テニスを（手取り足取り）教えてもらう。

	言葉	類語	意味	関連
769	手堅《てがた》い	堅実《けんじつ》・着実	やり方が確実で危なげがない。	無難
770	手に余る	手に負えない	自分の能力ではどうしてよいかわからない。	不可能 厄介《やっかい》 てこずる
771	手はず	用意・備え	あらかじめ予定しておくやり方の順序、段取り、準備。	
772	手持ちぶさた	暇《ひま》を持て余す	所在ないこと。何もすることがなく、間が持てないこと。	退屈《たいくつ》
773	足がすくむ	おじけづく	緊張《きんちょう》や恐怖《きょうふ》で動けなくなる。	おじけづく→493 ひるむ→604 臆《おく》する→1220
774	足手まとい	足を引っ張る	仕事や行動のじゃまになること。	足を引っ張る→776 障害

用例 （ ）に上の言葉のどれかを入れましょう。

- あの人の仕事は（ 手堅い ）ので有名だ。
- 会議が早く終了《しゅうりょう》して（手持ちぶさた）だ。
- （足手まとい）にならないように仕事に励《はげ》む。
- この任務は私の（手に余る）のでお断りだ。
- あまりの悲惨《ひさん》な光景に、（足がすくん）で動けない。
- 今夜のイベントの（ 手はず ）を整える。

□ 775 浮《う》き足立つ

類語 動揺《どうよう》・逃《に》げ腰《ごし》

恐《おそ》れや不安で**落ち着き**がなくなる。

● 師匠《ししょう》がはたと（**ひざを打つ**）のが見えて嬉《うれ》しかった。

□ 776 足を引っ張る

類語 足手まとい

邪魔《じゃま》をする。妨《さまた》げとなる。

足手まとい→774

● 大物政治家がついに（**馬脚を露し**）た。

□ 777 馬《ば》脚《きゃく》を露《あらわ》す

類語 化けの皮がはがれる

隠《かく》していたことが**明らかになる**。

● みんなの（**足を引っ張ら**）ないよう頑張《がんば》りたい。

□ 778 ひざを打つ

類語 納得《なっとく》する

急に気づいたり、**感心**したりしたときの動作。

納得→516
得心する

● 今回で懲《こ》りずに、（**長い目で見**）てやってほしい。

□ 779 ひざを交える

互《たが》いに**打ち解けて**話し合う。親しく同席する。

親しい
友好的

● 大量得点を奪《うば》われ、チーム全体が（**浮き足立っ**）てしまった。

□ 780 長い目で見る

現状だけで判断せずに、将来にわたって**気長に見守る**。

辛抱《しんぼう》強い

● 村の有力者が（**ひざを交え**）て出した結論だ。

番号	言葉	類語	意味	関連
□ 781	抜《ぬ》け目がない	計算高い	手抜かりなく、**ずる賢《がしこ》く立ち回る**さま。	
□ 782	目《ま》の当たり	眼前	**目の前**。じかに。	目撃《もくげき》
□ 783	目から鱗《うろこ》が落ちる	ハッとする	何かがきっかけになって、物事を**よく理解できる**ようになる。	
□ 784	目《め》利《き》き	鑑定《かんてい》・品定め	書画や骨董《こっとう》などの**善《よ》し悪《あ》しを見分ける**こと。	
□ 785	目配せ		目つきで**合図**すること。	ウインク
□ 786	目くるめく		**目がくらむ**ような。	めまいがする

用例 (　)に上の言葉のどれかを入れましょう。

- 説明を聞いて、(**目から鱗が落ち**)た。
- (**目配せ**)されたので、そっと廊下《ろうか》に出た。
- こんな状況《じょうきょう》で商売するなんて、(**抜け目がない**)ね。
- (**目くるめく**)ファンタジーの世界だ。
- 江戸《えど》時代の掛《か》け軸《じく》の(**目利き**)を依頼《いらい》する。
- 彼《かれ》の実力を(**目の当たり**)にして、負けを認めるしかなかった。

第6章 体の部分を含む語句

☐ 787 目に物見せる

類語 鼻を明かす

はっきりわからせる。ひどい目に合わせて、**思い知らせる**。

鼻を明かす→791
目に物言わす

●遅刻《ちこく》はするし忘れ物はするしで、（**弱り目に祟り目**）だ。

☐ 788 目星《めぼし》をつける

類語 目星がつく

見当をつける。ねらいをつける。

●彼《かれ》の自慢《じまん》話は（**眉つば物**）だ。

☐ 789 弱り目に祟《たた》り目

類語 泣きっ面《つら》に蜂《はち》

不運のうえにさらに不運が重なること。

●彼は、もうけ話には（**鼻が利く**）といわれている。

☐ 790 眉《まゆ》つば物

類語 いかがわしい・疑わしい

だまされないように**用心しなければいけない**物事。

いかがわしい→1263

●優勝して、ライバル校の（**鼻を明かす**）つもりだ。

☐ 791 鼻を明かす

類語 目に物見せる・見返す

自分より強い者などを出し抜《ぬ》いて**あっと言わせる**。

目に物見せる→787

●全員を取っ捕《つか》まえて、（**目に物見せ**）てやる。

☐ 792 鼻が利《き》く

鋭敏《えいびん》で、ものを探し出すことなどが得意である。

●（**目星をつけ**）た男は犯人ではなかった。

番号	言葉	類語	意味	関連
793	口ごもる	言いよどむ	はっきり言わない。言葉に詰《つ》まる。	言いよどむ→1184
794	口直し		まずい物や苦い薬などを口にしたあとで、その味を消すために飲食すること。その飲食物。	
795	口火を切る	引き金になる	いちばん最初に事を行い、物事のきっかけを作る。	口を切る→800
796	口下手	話し下手・朴訥《ぼくとつ》	ものの言い方が下手なこと。⇔口上手	朴訥《ぼくとつ》→1532 言葉足らず
797	口　頭	口述	文書ではなく、口で述べること。オーラル。	口頭試問
798	閉　口	辟易《へきえき》	どうしようもなくて困ること。うんざりすること。	辟易《へきえき》→1515

用例　（　）に上の言葉のどれかを入れましょう。

- （口直し）に甘《あま》い物を食べたい。
- 何度も同じ思い出話を聞かされて（閉口）した。
- （口下手）だが、気持ちは十分伝わった。
- （口頭）で伝えただけでは心配だ。
- 会議の（口火を切っ）たのは、新入社員だった。
- 問い詰《つ》められて、（口ごもっ）てしまった。

799 口惜《くちお》しい
類語 残念・無念
腹立たしい。悔《くや》しい。
●沈黙《ちんもく》の中、ついに彼《かれ》が（口を切っ）た。

800 口を切る
最初に発言する。話し始める。
口火を切る→795
●彼の（歯に衣着せぬ）コメントが好評だ。

801 歯止め
事態の進展や進行を止める手段や方法。ブレーキ。
ストッパー
●何を言っても、もう（歯止め）が利《き》かない。

802 歯に衣《きぬ》着せぬ
遠慮《えんりょ》せず、思っていることを包み隠《かく》さず言う。⇔奥歯《おくば》に物がはさまる
●（耳障り）な音にいらいらする。

803 二枚舌《にまいじた》
類語 いつわり
前と矛盾《むじゅん》したことを言うこと。うそをつくこと。
二言《にごん》→429
●（二枚舌）にだまされてはいけない。

804 耳障《みみざわ》り
聞いて、不愉快《ふゆかい》またはうるさく感じるさま。
不快
●（口惜し）そうにこぶしを握《にぎ》りしめた。

	言葉	意味	関連
□ 805	耳寄り	**聞く値打ちのある**こと。	
□ 806	寝耳《ねみみ》に水 類語 やぶから棒	**不意の出来事**に驚《おどろ》くことのたとえ。	虚《きょ》をつかれる 予想外
□ 807	耳打ち 類語 ささやき・内緒話《ないしょばなし》	耳のそばで、**小声で話す**こと。	
□ 808	牛耳《ぎゅうじ》る 類語 束ねる・制圧する	自分の**意のまま**に支配する。	統治 →359
□ 809	耳が痛い	他人の言うことが自分の弱点をついていて**聞くのがつらい**。	
□ 810	したり顔	**得意そう**な顔つき。自慢《じまん》げな顔つき。	してやったり

用例 （　）に上の言葉のどれかを入れましょう。

- （**耳寄り**）な情報を入手する。
- 先生の言うことはもっともで、（**耳が痛かっ**）た。
- 大会で優勝し、彼《かれ》は（**したり顔**）でインタビューに答えていた。
- （**耳打ち**）したが、聞き流された。
- この組織を（**牛耳っ**）ているのは誰《だれ》か。
- 明日、転校するなんて、（**寝耳に水**）だ。

□ 811 顔から火が出る

類語 赤面

恥《は》ずかしさで顔が赤くなる。

赤面→1256
赤恥《あかはじ》をかく

● いつになく神妙《しんみょう》な（ 面持ち ）だ。

□ 812 上っ面《つら》

類語 外面《そとづら》・表面

うわべ。本質ではなく、外面的な部分。

表面的

● 大勢の前で失敗して、（顔から火が出る）思いだった。

□ 813 面《おも》影《かげ》

記憶《きおく》に残っている顔や姿。あるものに似た姿や様子。

名残《なごり》

●（ 上っ面 ）の親切心はすぐに見抜《みぬ》かれる。

□ 814 面《おも》持《も》ち

類語 表情

ある感情の表れた顔つき。

● どこか祖父の（ 面影 ）があるね。

□ 815 面が割れる

顔が知られる。その人であると特定できる。

● 親の（ 面目 ）丸つぶれだ。

□ 816 面《めん》目《もく（ぼく）》

類語 プライド

名誉《めいよ》や体面。世間から受ける評価。人に合わせる顔。

肩身《かたみ》→826
面目躍如《やくじょ》

● 窃盗団《せっとうだん》のリーダーの（面が割れる）。

番号	言葉	類語	意味	関連
☐ 817	猫《ねこ》の額《ひたい》	狭小《きょうしょう》	ごく狭《せま》い場所。	
☐ 818	頭角を現す		学問や才能が人より優《すぐ》れて目立ってくる。	のし上がる
☐ 819	没《ぼっ》頭《とう》	夢中・専念	他のことをかえりみず、一つのことだけに熱中すること。	専念→465 浸《ひた》る→553 我を忘れる
☐ 820	毛頭	全く・少しも	毛の先ほども。いささかも。下に打ち消しを伴《ともな》う。	
☐ 821	後ろ髪《がみ》を引かれる	心残り・未練	あとに思いが残って、断《た》ち切ることができない。	
☐ 822	つむじを曲げる	へそを曲げる	気分を損《そこ》ねて従わない。ひねくれる。	むくれる

用例 （　）に上の言葉のどれかを入れましょう。

- （後ろ髪を引かれる）思いで故郷を出る。
- 一度、（つむじを曲げる）と機《き》嫌《げん》を直すのに時間がかかる。
- （猫の額）ほどの庭で野菜を育てる。
- 疑う気持ちは（毛頭）ありません。
- 寝食《しんしょく》を忘れて研究に（没頭）する。
- 入学直後からぐんぐん（頭角を現す）。

□ 823

首が回らない

類語 行き詰《づ》まる

借金などで、やりくりがつかない。

火の車

●火事を出し、（ 肩身 ）の狭《せま》い思いで暮らす。

□ 824

肩《かた》透《す》かし

勢い込《こ》んで向かってくる相手の気勢をそぐこと。フェイント。

拍《ひょう》子《し》抜《ぬ》け→491

●（胸がすく）ような大ホームランだった。

□ 825

肩《かた》で風を切る

類語 幅《はば》を利《き》かせる

肩をそびやかして得意げに歩く。

大きな顔をする

●大臣の突然《とつぜん》の辞任で、野党は（肩透かし）を食《く》らったようだ。

□ 826

肩《かた》身《み》

類語 体面

他人に対する面目。

面目《めんもく》→816

●（首が回らない）のは借金のせいばかりではない。

□ 827

肩《かた》の荷が下（降）りる

責任や義務から解放されて楽になる。

●子どもが成人して（肩の荷が下り）た。

□ 828

胸がすく

類語 溜飲《りゅういん》が下がる

心中のつかえがなくなる。心が晴れやかになる。

痛快

●野球部のエースで四番の彼《かれ》は、校内では（肩で風を切っ）て歩いている。

番号	言葉	意味	関連
829	胸をなで下ろす	**安心**する。ほっとする。	愁眉《しゅうび》を開く
830	裏腹 類語 あべこべ	**正反対**なこと。	逆さま
831	背に腹は代えられない	さし迫《せま》った苦痛を逃《のが》れるためには、他を犠牲《ぎせい》にすることも**やむを得ない**。	仕方がない
832	腹黒い 類語 下心がある・裏がある	心の中に**悪だくみ**や**陰謀《いんぼう》**を持っている。	悪賢《わるがしこ》い ずるい
833	肝《きも》が据《す》わる 類語 腹が据わる	**度胸**があり、少しも動揺《どうよう》しない。	豪胆《ごうたん》
834	肝《きも》に銘《めい》じる 類語 胸に刻む	心に深く**刻みつける**。「肝に命じる」は誤り。	

用例 （　）に上の言葉のどれかを入れましょう。

- わが子の声を聞いて、やっと（**胸をなで下ろす**）。
- 父の言葉を（**肝に銘じ**）て生きていこう。
- （**背に腹は代えられない**）から、この際、これで妥協《だきょう》しよう。
- 表の顔とは（　**裏腹**　）で、何をたくらんでいるのかわからない人だ。
- 見た目は人が良さそうなのに、（　**腹黒い**　）人だ。
- あんな大変な状況《じょうきょう》でも普段《ふだん》通りに振《ふ》る舞《ま》えるとは、彼《かれ》は（**肝が据わっ**）た男だ。

□ 835 肝《きも》を冷やす

危ない目に遭《あ》って、ひやりとする。

肝をつぶす

□ 836 度肝《どぎも》を抜《ぬ》く

非常にびっくりさせる。

□ 837 腰《こし》が低い

謙虚《けんきょ》なさま。控《ひか》え目なさま。

控え目→511
謙虚→614

□ 838 腰《こし》を上げる

ようやくあることに取りかかる。立ち上がる。

□ 839 物《もの》腰《ごし》

類語 所作・動作

人に対する言葉遣《づか》いや態度。立ち居振《ふ》る舞《ま》い。

□ 840 弱《よわ》腰《ごし》

類語 軟弱《なんじゃく》・及《およ》び腰

弱気であること。態度が消極的であること。⇔強腰

軟弱《なんじゃく》→508
及び腰→842
優柔《ゆうじゅう》不《ふ》断《だん》→915

- ●（ 物腰 ）の柔《やわ》らかな人だ。
- ●一瞬《いっしゅん》、（肝を冷やし）たが、機体は無事着陸した。
- ●そんな（ 弱腰 ）では先が思いやられる。
- ●あまりの迫力《はくりょく》に（度肝を抜か）れた観客は多い。
- ●役所が重い（腰を上げる）ときは今しかない。
- ●社長になっても（腰が低い）人だ。

番号	言葉	類語	意味	関連
841	腰《こし》を据《す》える		落ち着いて物事に取り組む。	
842	及《およ》び腰《ごし》	へっぴり腰・弱腰	自信がなく、おどおどしているさま。	気後れする→646 弱腰→840
843	尻《しり》込《ご》み		気《き》後《おく》れしてぐずぐずとためらうこと。後ろのほうに下がること。	ひるむ→604 たじろぐ→642 臆する→1220
844	身を固める		結婚《けっこん》して家庭を持つ。	
845	身に余る	身の丈《たけ》に合わない	与《あた》えられたものが自分の能力や価値以上でふさわしくない。	不つり合い 分不相応
846	捨て身	必死・決死	全力を出して事に当たること。命を捨てる覚《かく》悟《ご》で臨《のぞ》むこと。	死に物狂《ぐる》い

用例　（　）に上の言葉のどれかを入れましょう。

- 国民栄誉《えいよ》賞は（身に余る）光栄です。
- 友人の結婚式《けっこんしき》に出席して、自分もそろそろ（身を固め）ようと思った。
- この研究に（腰を据え）て取り組みたい。
- 彼《かれ》の（捨て身）の覚悟《かくご》が伝わった。
- ここで（尻込み）していたら先々やっていけない。
- 相手が（及び腰）だとこちらもやりにくい。

基本語 第1章 第2章 第3章 第4章 第5章 第6章 第7章 第8章

□ 847 身から出たさび

類語 自業自得《じごうじとく》

自分の犯《おか》した悪行のために**自ら苦しむ**こと。

自縄自縛《じじょうじばく》

●若い頃《ころ》は（**身を粉にし**）て働いたものだ。

□ 848 身もふたもない

表現があからさますぎて含《ふく》みも**情緒《じょうちょ》もない**。

露骨《ろこつ》→853

●かなり料理の（**腕が上がっ**）たね。

□ 849 身を粉《こ》にする

類語 身を砕《くだ》く・粉骨砕身《ふんこつさいしん》

労苦をいとわないで**努力をする**。

●（**体得**）した技術は長く役立つ。

□ 850 体得

類語 会得《えとく》・習得

体験によって**身につける**こと。マスターすること。

会得→140

●彼《かれ》は私の（**右腕**）ともいえる存在だ。

□ 851 腕《うで》が上がる

類語 手が上がる

上手になる。技量などが**上達**する。⇔腕が落ちる

●遊んでばかりで不合格だったのは、（**身から出たさび**）だ。

□ 852 右《みぎ》腕《うで》

類語 腹心・片腕

最も**信頼《しんらい》できる部下**。

腹心→1320
懐刀《ふところがたな》

●そんな言い方をしては、（**身もふたもない**）。

□ 853

言葉 露骨《ろこつ》

類語 あからさま・赤裸々《せきらら》

意味 感情や本心を**むき出し**に示す。

関連 あけすけ→577　赤裸々《せきらら》→1160　あからさま→1162

□ 854

言葉 血気

類語 活気

意味 旺盛《おうせい》な**気力**。恐《おそ》れずに立ち向かおうとする気概《きがい》。

関連 血気にはやる

□ 855

言葉 血相を変える

意味 **顔色を変える**。感情が大きく変化すること。

□ 856

言葉 血眼《ちまなこ》になる

類語 躍起《やっき》

意味 目を血走らせて物事に**必死になる**。

関連 気迫《きはく》→708

□ 857

言葉 血迷う

意味 逆上して**心が乱れる**。正しい判断や行動ができなくなる。

□ 858

言葉 脈がある

類語 可能性がある

意味 望みや**見込《みこ》み**がある。

用例 （　）に上の言葉のどれかを入れましょう。

- 何を（血迷っ）たのか、自分が犯人だと言い出した。
- まだ（脈があり）そうなので、もう一度お願いしてみよう。
- ねじりはちまき姿の（血気）盛《さか》んな若者たちが、みこしをかついでいる。
- 刑事《けいじ》が（血相を変え）て店に飛び込《こ》んできた。
- 周囲の人に（露骨）に嫌《いや》な顔をされる。
- （血眼になっ）て探しているが、見つからない。

基本語 第1章 第2章 第3章 第4章 第5章 第6章 第7章 第8章

□ 859

雲泥《うんでい》の差

類語 月とすっぽん

天と地ほどの隔《へだ》たり。**大変な違《ちが》い**。

提灯《ちょうちん》に釣《つ》り鐘《がね》

□ 860

座右の銘《めい》

類語 格言

常に自分の心にとめおいて、**戒《いまし》めや励《はげ》ましとする**言葉や文。

名言

□ 861

意に介《かい》さない

まったく気にかけない。**気にしない**。

□ 862

めどが立つ

類語 目鼻がつく

見通しがはっきりする。

□ 863

釘《くぎ》を刺《さ》す

類語 念を押《お》す

あとで言い逃《のが》れや間違《まちが》いなどが起きないように、あらかじめ**言い聞かせておく**。

警告→322

□ 864

百聞は一見にしかず

話を聞くよりも、**実際に自分の目で確かめる**ほうがよくわかる。

- 人のうわさなど（**意に介さない**）人だ。
- 事件解決の（**めどが立た**）ない。
- 君と彼《かれ》の実力には、（**雲泥の差**）がある。
- （**百聞は一見にしかず**）と言うから、一度自分の目で確かめよう。
- （**座右の銘**）は何かと尋《たず》ねられて困った。
- 今回ばかりは母にしっかり（**釘を刺さ**）れた。

865 ペンは剣《けん》よりも強し

言葉：ペンは剣《けん》よりも強し

意味：言論が人の心に訴《うった》える力は武力よりも強く、永続性があり広範囲《はんい》に及《およ》ぶ。

866 二足のわらじを履《は》く

言葉：二足のわらじを履《は》く

意味：同一人物が二種類の職業を兼《か》ねる。

関連：掛《か》け持ち　兼業《けんぎょう》

867 一矢《いっし》を報《むく》いる

言葉：一矢《いっし》を報《むく》いる

類語　報復する

意味：攻撃《こうげき》に反論や反撃を加えて、わずかでも仕返しをする。

関連：一泡《ひとあわ》吹《ふ》かせる

868 出る杭《くい》は打たれる

言葉：出る杭《くい》は打たれる

意味：出しゃばると非難される。

869 餅《もち》は餅屋

言葉：餅《もち》は餅屋

類語　蛇《じゃ》の道は蛇《へび》

意味：物事にはそれぞれ専門家がいるので、その人に任せるのがよい。

関連：専従　専属

870 羽を伸《の》ばす

言葉：羽を伸《の》ばす

類語　くつろぐ

意味：抑《おさ》えられた状態から解放されて、のびのびと振《ふ》る舞《ま》う。

関連：羽目を外す→651　くつろぐ→705

用例

（　）に上の言葉のどれかを入れましょう。

- （餅は餅屋）だから、一度専門家に相談しよう。
- 寺の住職と教師などの（二足のわらじを履く）人は多い。
- ライバルに（一矢を報いる）ことができそうだ。
- 連休には大いに（羽を伸ばそ）う。
- （ペンは剣よりも強し）は、ジャーナリストの信念だ。
- （出る杭は打たれる）もので、君も目立ち過ぎると危ない。

□ 871 虎《とら》の威《い》を借る狐《きつね》

他人の力を借りて**いばる者**のたとえ。

笠《かさ》に着る→1495

□ 872 たらい回し

類語 押《お》しつけ・責任転嫁《せきにんてんか》

一つの物事を順送りに**他の人や場所に回す**こと。

□ 873 とどのつまり

類語 詰《つ》まるところ

行きつくところ。**結局**。

所詮《しょせん》→426
究極→677
終わり

□ 874 先見の明

類語 予見・見通し

将来を**あらかじめ見抜《みぬ》く**こと。

□ 875 背水の陣《じん》

決死の覚悟《かくご》で事に当たること。

瀬戸際《せとぎわ》→391

□ 876 対岸の火事

類語 ひとごと

他人にとっては重大でも、**自分には何の関係もない**こと。

高みの見物

- この会社に投資するなんて、(先見の明)があるね。
- 大国の(虎の威を借る狐)と言われないよう、国を立て直す。
- 病人を(たらい回し)にするのは許せない。
- 同僚《どうりょう》の忙《いそが》しさはもはや(対岸の火事)ではない。
- 我《わ》が党は、次の選挙では(背水の陣)で戦うことになる。
- (とどのつまり)、試合の結果はどうなったのか。

番号	言葉	類語	意味	関連
877	日の目を見る		それまで知られていなかったものが、**世間に認められる**。	埋《まい》没《ぼつ》→343
878	煙《けむ》に巻く	いなす・言いくるめる	とっぴなことを言って、相手を**驚《おどろ》かせ**、ごまかす。	茶化す→670
879	登竜門《とうりゅうもん》		突《とっ》破《ぱ》すれば立身出世できる**関門**。	
880	机《き》上《じょう》の空論	絵に描《か》いた餅《もち》	頭の中で考えただけで、実際には**役に立たない理論**や計画。	絵に描いた餅→891 砂上の楼《ろう》閣《かく》→1465
881	辻《つじ》褄《つま》が合う	帳尻《ちょうじり》が合う	話の前後がきちんと合う。通るべき**筋道が通る**。	
882	有《う》無《む》を言わせず		相手の返答に関係なく。**無理矢理**に。	

用例　(　)に上の言葉のどれかを入れましょう。

- 現実をしっかり見ないと、(**机上の空論**)に終わるよ。
- 人を(**煙に巻く**)話術に長《た》けている。
- 反対したが、(**有無を言わせず**)押《お》し切られた。
- 話の(**辻褄が合わ**)ないので、疑われた。
- 新人作家の(**登竜門**)といわれるのが芥川《あくたがわ》賞だ。
- 川《かわ》端《ばた》康《やす》成《なり》の初期の作品が(**日の目を見る**)こととなった。

基本語
第１章
第２章
第３章
第４章
第５章
第６章
第７章
第８章

883 いたちごっこ

類語　堂々巡《めぐ》り

同じようなことの**繰《く》り返し**。

埒《らち》が明かない→655

●仲の良い家族の間に、（**水を差す**）事件が起きる。

884 伸《の》るか反《そ》るか

類語　いちかばちか

成功するか失敗するか。思い切って何かをするさま。

大ばくち

●家宅捜査《そうさ》が入り、証拠《しょうこ》品が（**根こそぎ**）没収《ぼっしゅう》される。

885 水を差す

類語　阻害《そがい》する

うまくいっている事柄《ことがら》や物事を**じゃまする**。

出端《でばな》（鼻）をくじく→902

●彼《かれ》の失敗を（**他山の石**）として身を引き締《し》める。

886 日《にち》常《じょう》茶《さ》飯《はん》事《じ》

類語　ざら・平凡《へいぼん》

ありふれたこと。

頻繁《ひんぱん》→950

●マフィアと警察の（**いたちごっこ**）が続いている。

887 他山の石

他人の誤った言動でも**自分を磨《みが》く助けになる**というたとえ。

人のふり見て我《わ》がふり直せ

●彼の遅刻《ちこく》は、（**日常茶飯事**）だ。

888 根こそぎ

類語　根絶・くまなく

余すことなく、**全部**取り除くこと。

根絶やし→188
くまなく→1380
洗《あら》いざらい

●（**伸るか反るか**）、やってみるしかないね。

	言葉	意味	関連
889	過言ではない	言い過ぎではない。	誇張→1168 大言壮語《たいげんそうご》→1560
890	太鼓判《たいこばん》 類語 お墨《すみ》つき・折り紙つき	絶対に確実だという保証。	
891	絵に描《か》いた餅《もち》 類語 机上《きじょう》の空論	実際には役に立たないことのたとえ。実現する可能性のないことのたとえ。	机上の空論→880 砂上の楼閣《ろうかく》→1465
892	高《たか》をくくる	大したことはないと見くびる。	あなどる
893	なすすべがない 類語 どうしようもない・お手上げ	適切な手段や方法がない。	
894	的を射る 類語 核心《かくしん》をつく	的確に要点をとらえる。「的を得る」は誤り。	的確→431

用例 （　）に上の言葉のどれかを入れましょう。

- 理想ばかり高くても、（絵に描いた餅）では、この計画も意味がない。
- 彼女《かのじょ》の指摘《してき》は（的を射）ている。
- 彼女はナイチンゲールの再来だと言っても（過言ではない）。
- 病状が悪化し、もはや（なすすべがない）。
- この製品は、名医が（太鼓判）を押《お》している。
- ただの風邪《かぜ》と（高をくくっ）てはいけない。

基本語 第1章 第2章 第3章 第4章 第5章 第6章 第7章 第8章

□ 895

槍玉《やりだま》に挙げる

攻撃《こうげき》などの対象にする。

つるし上げる→1135

□ 896

余念がない

あることに専心していて、他のことを考えない。

専念→465

□ 897

息を殺す

類語 息を詰《つ》める

音がしないように呼吸を抑《おさ》えて静かにしている。

息をひそめる

□ 898

抜《ぬ》き差しならない

類語 のっぴきならない

身動きがとれず、どうにもならない。

□ 899

禅問答《ぜんもんどう》

類語 蒟蒻問答《こんにゃくもんどう》

何を言っているのかわからない、とぼけた問答。

□ 900

片棒を担《かつ》ぐ

類語 手を貸す

悪い企《くわだ》てに荷担《かたん》する。

●生徒会長を（槍玉に挙げる）のはよせ。

●彼《かれ》と話していても、いつも（禅問答）で終わってしまう。

●父はゴルフ道具の手入れに（余念がない）。

●たとえ無意識でも、犯罪の（片棒を担い）ではいけない。

●アンネ・フランクは屋根裏で（息を殺し）て生活していた。

●部下に裏切られ、（抜き差しならない）状況《じょうきょう》になる。

□ 901 拍車《はくしゃ》をかける

- 言葉：拍車《はくしゃ》をかける
- 類語：促進《そくしん》・スピードアップ
- 意味：力を加えて、物事の進行を**いっそう早める**。
- 関連：推進

□ 902 出端《でばな》(鼻)をくじく

- 言葉：出端《でばな》(鼻)をくじく
- 意味：物事を**始めようとしたところで邪魔《じゃま》をする**。「出端を折る」ともいう。
- 関連：水を差す→885

□ 903 ほとぼりが冷める

- 言葉：ほとぼりが冷める
- 意味：事件などに対する**世間の関心が薄《うす》れる**。
- 関連：余熱

□ 904 無用の長物《ちょうぶつ》

- 言葉：無用の長物《ちょうぶつ》
- 類語：不要物
- 意味：あっても役に立たず、かえって**じゃまになる**もの。

□ 905 一目《いちもく》置く

- 言葉：一目《いちもく》置く
- 類語：重んじる・評価する
- 意味：相手が自分より優《すぐ》れていることを認めて**敬意を払《はら》う**。一歩譲《ゆず》る。

□ 906 ひんしゅくを買う

- 言葉：ひんしゅくを買う
- 意味：自分の言動が原因で、人から嫌《いや》がられ、**軽蔑《けいべつ》される**。

用例 （　）に上の言葉のどれかを入れましょう。

- 彼《かれ》はチームでは（**一目置か**）れる存在だ。
- 就任したとたん、スキャンダル記事で（**出端をくじか**）れる。
- （**ほとぼりが冷める**）まで待つことにしよう。
- 下品な話をして、（**ひんしゅくを買っ**）た。
- 文化祭の日が近くなり、準備に（**拍車をかける**）。
- 今ではブラウン管テレビも（**無用の長物**）だ。

907 至難の業《わざ》

類語 難題・困難

きわめて難しいこと。

908 二の句が継《つ》げない

類語 絶句する

あきれて、次の言葉が出てこない。「二の句が告げない」は誤り。

呆気《あっけ》に取られる

909 取りつく島もない

類語 木で鼻をくくる

相手がつっけんどんで、話を進める**きっかけが見つからない**。

つれない→724
つっけんどん→1523

910 猫《ねこ》に小判

類語 豚《ぶた》に真珠《しんじゅ》

価値のわからない者に高価なものを与《あた》えても**無駄《むだ》であること**。

911 目白押《めじろお》し

類語 ひしめく・込《こ》み合う

多くのものが**すき間なく並ぶ**こと。

912 軌道《きどう》に乗る

類語 快調

計画どおり、物事が**順調に進む**。

- 祖父が一度へそを曲げると、(**取りつく島もない**)。
- 新政権の課題は(**目白押し**)だ。
- 彼《かれ》に高価な絵をプレゼントするなんて、(**猫に小判**)だ。
- お粗末《そまつ》な説明に、(**二の句が継げない**)。
- ようやく会社の運営が(**軌道に乗っ**)てきた。
- 頑固《がんこ》な両親を説き伏《ふ》せるのは(**至難の業**)だ。

	913	914	915	916	917	918
言葉	棚《たな》に上げる	矢継《やつ》ぎ早《ばや》 類語 次々	優柔不断《ゆうじゅうふだん》	日進月歩	和洋折衷《わようせっちゅう》	徹頭徹尾《てっとうてつび》 類語 首尾一貫《しゅびいっかん》・終始一貫
意味	問題の解決や処理を**延期する**。	**続けざま**に素早《すばや》く事を行うさま。	ぐずぐずして物事の**決断のにぶい**こと。	日ごと月ごとに、たえず**進歩する**こと。⇔旧態依然《いぜん》	**日本風と西洋風**の様式を取りまぜること。	最初から最後まで。**一貫**して。完全に。
関連			軟弱《なんじゃく》→508 弱腰《よわごし》→840		和魂洋才《わこんようさい》	

用例 （　）に上の言葉のどれかを入れましょう。

- 重要な議題を、（棚に上げ）たまま年を越《こ》す。
- 彼《かれ》は（徹頭徹尾）、依頼人《いらいにん》の利益のために行動する。
- （優柔不断）な性格が災《わざわ》いする。
- 科学技術の進歩は（日進月歩）だ。
- （矢継ぎ早）に質問されて、戸《と》惑《まど》う。
- 建て替《か》えるなら、（和洋折衷）の家にしたい。

基本語
第1章
第2章
第3章
第4章
第5章
第6章
第7章
第8章

919 天変地異《てんぺんちい》

類語 天災

自然界に起こるあらゆる**異変や災害**。

920 他力本願

類語 人任せ

他人の力に頼《たよ》って事をなすこと。

依存《いぞん》→492

921 十人十色

類語 千差万別《ばんべつ》

考えや好み、性質などが人によって**それぞれ違《ちが》う**こと。

922 弱肉強食

類語 適者生存

弱者が強者の**えじき**になること。

生存競争

923 自暴自棄《じぼうじき》

類語 捨てばち

自分で自分を粗末《そまつ》に扱《あつか》うこと。**やけになる**こと。

投げやり

924 言語道断

類語 もってのほか

あまりにひどくて言葉も出ないほどであること。**とんでもない**こと。

- 受験に（他力本願）は通じないよ。
- ゲームに負けたくないからといって、ずるをするとは（言語道断）だ。
- これほどの（天変地異）を誰《だれ》が予知できたか。
- 動物の世界は（弱肉強食）で、小さな生き物はいつも命の危険を感じながら生きている。
- 一度の失敗で（自暴自棄）になるな。
- このメンバーは（十人十色）だから、それぞれ個性があっておもしろい。

言葉 / 意味 / 関連

□ 925
空前絶後
類語 未《み》曽《ぞ》有《う》・前《ぜん》代《だい》未《み》聞《もん》
今までに例がなく、これからもあり得ないようなこと。
関連 前代未聞→938 空前→1060

□ 926
疑《ぎ》心《しん》暗《あん》鬼《き》
疑い出すと、何もかも疑わしく感じるようになること。「疑心暗鬼を生ず」が元の形。
関連 いぶかる→1224

□ 927
異口同音
みんなが同じことを言うこと。「異句同音」は誤り。

□ 928
一《いち》期《ご》一《いち》会《え》
一生に一度だけの人と人との出会う機会。茶道の心得から。

□ 929
四《し》面《めん》楚《そ》歌《か》
類語 孤《こ》立《りつ》無《む》援《えん》・孤軍奮闘《ふんとう》
まわりが敵や反対者ばかりで、味方のないこと。

□ 930
我田引水
自分に都合のいいように説明したり、事を運んだりすること。
関連 利己→732

用例 （ ）に上の言葉のどれかを入れましょう。

- 一人だけ賛成に手を挙げて、（四面楚歌）の状態だった。
- だまされ続けて、次第《しだい》に主人公は、（疑心暗鬼）に陥《おちい》っていった。
- 事故の対応は、身勝手な関係者の（我田引水）により遅《おく》れた。
- 子どもたちは（異口同音）に「賛成」と叫《さけ》んだ。
- （空前絶後）のベストセラー作品が映画化される。
- （一期一会）の精神を茶道《さどう》の先生から学ぶ。

□ 931 順風満帆《じゅんぷうまんぱん》

類語 とんとん拍子《びょうし》・追い風

物事が**順調**に進行すること。

□ 932 意気投合

類語 同調・共鳴

互《たが》いの気持ちと気持ちとが**ぴったり合う**こと。シンパシー。

□ 933 試行錯誤《しこうさくご》

類語 手を尽《つ》くす

新しい物事をする際、**試みと失敗**を繰《く》り返しながら、解決策を見出《みいだ》していくこと。

手を尽くす→764
紆余曲折《うよきょくせつ》
悪戦苦闘《あくせんくとう》

□ 934 自画自賛

類語 手前味噌《てまえみそ》

自分で**自分のことをほめる**こと。「自我自賛」は誤り。

□ 935 単刀直入

類語 率直《そっちょく》

前置きなどを省いて、**すぐに本題に入る**こと。「短刀直入」は誤り。

率直《そっちょく》→514

□ 936 大器晩成

普通《ふつう》より**遅《おそ》く大成する**こと。

奥手《おくて》→509

● 彼《かれ》は（**大器晩成**）型だから、長い目で見よう。

● 言いたいことを（**単刀直入**）に言ってほしい。

● （**試行錯誤**）の末、ついにロボットが完成した。

● （**順風満帆**）であった彼の人生に、災難がふりかかる。

● 彼の（**自画自賛**）はもう聞き飽《あ》きた。

● あの人とはすぐに（**意気投合**）した。

言葉 / 意味 / 関連

937 本末転倒《ほんまつてんとう》

類語 主客転倒

根本的なことと、ささいなことを**取り違《ちが》える**こと。

938 前代未聞《ぜんだいみもん》

類語 画期的・空前絶後

今まで聞いたこともないような**珍《めずら》しい**、また大変なこと。

関連 画期的→192 空前絶後→925 空前→1060

939 臨機応変

類語 当意即妙《とういそくみょう》

その時々の場面や状況《じょうきょう》の変化に応じて、**適切な処置をする**こと。⇕杓子定規《しゃくしじょうぎ》

940 起死回生

今にもだめになりそうな物事を**立て直す**こと。

941 創意工夫《そういくふう》

類語 創造・独創

これまでになかったような**新しい考え方と工夫**。

関連 創造→113

942 天真爛漫《てんしんらんまん》

類語 天衣無縫《てんいむほう》

人柄《ひとがら》が**無邪気《むじゃき》**で**屈託《くったく》のない**こと。

関連 天衣無縫→1555

用例 （　）に上の言葉のどれかを入れましょう。

- これは我《わ》が校始まって以来（**前代未聞**）の大ニュースだ。
- ここは（**臨機応変**）に気持ちを切りかえよう。
- （**天真爛漫**）な振《ふ》る舞《ま》いに心が和《なご》む。
- そんな（**本末転倒**）な話には納《なっ》得《とく》できない。
- （**創意工夫**）を重ねて、新エネルギーを開発する。
- この曲が彼《かれ》の（**起死回生**）のヒット曲となった。

基本語 第1章 第2章 第3章 第4章 第5章 第6章 第7章 第8章

943 死守

類語 防御《ぼうぎょ》

命がけで守ること。

●下校中に（**道草を食っ**）たので、帰宅が遅《おそ》くなった。

944 赴《おもむ》く

類語 出かける

ある場所や方角に**向かっていく**。

●無医村に、初めての医者として（**赴く**）。

945 挙動

人の**立ち居振《ふ》る舞《ま》い**。

挙動不審《きょどうふしん》
一挙一動
一挙手一投足

●キーパーがゴールを（**死守**）して引き分けた。

946 自前

類語 自費・自己負担

費用を**自分で負担**すること。

手製

●警官が（**挙動**）の怪《あや》しい男を呼びとめる。

947 道草を食う

類語 油を売る

目的地への**途中《とちゅう》で他のことに時間を使う**。

寄り道

●生徒会活動に（**携わる**）。

948 携《たずさ》わる

類語 関与《かんよ》する・関わる

従事する。

●（**自前**）でユニフォームを用意する。

949 随《ずい》時《じ》
- 類語：臨時
- 意味：**その時々**。都合のつき次第《しだい》。

950 頻《ひん》繁《ぱん》
- 類語：たびたび・ひっきりなし
- 意味：**しばしば**行われること。
- 関連：日常茶飯事 →886

951 有数
- 類語：屈指《くっし》・指折り
- 意味：数が少なく、**際立《きわだ》っている**こと。
- 関連：粒《つぶ》より　粒揃《ぞろ》い

952 ひときわ
- 意味：**際立《きわだ》って**。一段と。

953 微《び》妙《みょう》
- 意味：はっきりととらえられないほど**細かく**、**複雑**で難しいこと。
- 関連：デリケート

954 膨《ぼう》大《だい》
- 類語：莫大《ばくだい》・膨張
- 意味：膨《ふく》れ上がって**大きくなる**こと。

用例　（　）に上の言葉のどれかを入れましょう。

- （ひときわ）高く、スカイツリーがそびえ立つ。
- （　膨大　）な資料と格闘《かくとう》する。
- （　随時　）、見学を受け付ける。
- ここは日本（　有数　）の景勝地だ。
- 母と娘は（　頻繁　）にメールのやりとりをしている。
- あの人は、（　微妙　）な味つけの変化にもすぐに気がつく。

□ 955

万遍《まんべん》なく

行きわたらないところがない。くまなく。

軒並《のきな》み → 957

□ 956

みだりに

類語 やたらに

むやみに。わけもなく。

□ 957

軒並《のきな》み

どこもかしこも。誰《だれ》も彼《かれ》も。

万遍《まんべん》なく → 955
こぞって → 1359

□ 958

ひいては

類語 そのうえ

それがもとになって。さらに進んで。

□ 959

程なく

類語 近日中

あまり時間が経過しないうちに。まもなく。

□ 960

虐《ぎゃく》待《たい》

類語 折檻《せっかん》

むごい扱《あつか》いをする。

迫害《はくがい》

- 畑を（万遍なく）耕す。
- （みだりに）人を疑ってはならない。
- （程なく）その建物はとり壊《こわ》される予定だ。
- 長雨が続き、（軒並み）野菜の値が上がっている。
- 動物を（虐待）するのは犯罪だ。
- 生活リズムの改善、（ひいては）健康状態の改善につなげたい。

重要語

番号	言葉	類語	意味	関連
961	具現	体現	具体的に現すこと。	具体→1179
962	二元論		物事を相対立する二つの原理または要素に基《もと》づいてとらえる立場。	一元論 多元論
963	唯《ゆい》物《ぶつ》		物質的なものを、実在するもの、あるいは中心的なものと考える立場。⇔唯心	
964	啓《けい》発《はつ》	啓蒙《けいもう》	人々の気づかないような物事について教え導き、わからせること。	自己啓発
965	畏《い》敬《けい》		心からおそれ敬うこと。	尊敬 崇拝《すうはい》
966	景勝地	名所	景色が優《すぐ》れているところ。	風光明媚《ふうこうめいび》

用例　（　）に上の言葉のどれかを入れましょう。

- CGで未来都市を（　具現　）化する。
- 自然への（　畏敬　）の念を持つ。
- （　景勝地　）でガイドをする。
- （　唯物　）論によると、人の精神も脳という物質の機能にすぎない。
- 納税を（　啓発　）するポスターが貼《は》られている。
- デカルトは精神と物質の（　二元論　）を唱えた。

□ 967

功《く》徳《どく》

類語 御《ご》利《り》益《やく》

現世や来世に幸福を得ることにつながるような善行。また、神仏の恵み。

恩恵《おんけい》→119
善根

□ 968

儒《じゅ》教《きょう》

仁と礼を根本とする政治と道徳を説いた孔子《こうし》を祖とする中国の説教。儒学の教え。

儒家
論語

□ 969

来《らい》光《こう》

類語 来迎《らいごう》

高山などで迎《むか》える日の出。仏の御光《ごこう》。

御来光
御来迎

□ 970

建《こん》立《りゅう》

類語 造営

寺院や堂塔《どうとう》などを建てること。

□ 971

慈《じ》悲《ひ》

仏や菩薩《ぼさつ》がいっさいの生き物をあわれむ心。

慈《いつく》しみ

□ 972

成《じょう》就《じゅ》

類語 達成

願いなどのかなうこと。物事が望んだとおりに完成すること。

大願成就

● この寺を（　建立　）したのは聖徳太子《しょうとくたいし》だ。

●（　功徳　）を積めば、死後は極楽《ごくらく》に行けるらしい。

● 孔子は（　儒教　）の祖だ。

● 長年の夢が（　成就　）した。

● 山頂で（　来光　）を拝み見る。

● 衆生《しゅじょう》を救うという、仏様の（　慈悲　）の心。

□ 973 精《しょう》進《じん》

類語　努力

意味　ひたすら仏道修行に努め励《はげ》むこと。

関連　勤勉→488
切《せっ》磋《さ》琢《たく》磨《ま》→1333
奮《ふん》励《れい》努《ど》力《りょく》

□ 974 読《ど》経《きょう》

意味　声を出して、経を読むこと。

□ 975 造物主

類語　天帝《てんてい》

意味　万物《ばんぶつ》を創造したとされる者。

関連　造物者

□ 976 流《る》転《てん》

類語　輪《りん》廻《ね》・推移・変遷《へんせん》

意味　物事がとどまることなく移り変わってゆくこと。

関連　変遷→229
生生流転

□ 977 中秋

類語　秋の中日

意味　陰暦《いんれき》八月十五日の称《しょう》。

□ 978 無私

類語　無欲・利他

意味　私心や私欲のないこと。

関連　利他→752
清廉《せいれん》→1285
公平無私

用例　（　）に上の言葉のどれかを入れましょう。

- （　中秋　）の名月の夜、かぐや姫《ひめ》は天に帰って行った。
- マザー・テレサの（　無私　）の精神に心打たれる。
- （　精進　）して、立派な僧侶《そうりょ》になる。
- （　流転　）の人生を送った人の死に涙《なみだ》する。
- 『旧約聖書』で（　造物主　）について知った。
- （　読経　）の声が本堂に響《ひび》き渡《わた》る。

□ 979 偶《ぐう》像《ぞう》

目に見えない神様を**目に見える姿**に形づくったもの。

化身《けしん》→146
権化《ごんげ》→984

●死者の（**霊魂**）の成仏《じょうぶつ》を願う。

□ 980 帰《き》依《え》

類語 信心

神仏を**信仰《しんこう》する**こと。

●彼《かれ》は悪の（**権化**）のように言われるが、本当はいい人だ。

□ 981 詩《し》魂《こん》

詩を作る**意欲**。詩の**情感**。

創作意欲

●仏教に（**帰依**）する。

□ 982 霊《れい》魂《こん》

肉体が滅《ほろ》びても独立に存在することができると考えられている精神的実態。**たましい**。霊。

霊魂不滅《ふめつ》

●（**偶像**）の崇拝《すうはい》が禁じられている宗派もある。

□ 983 異《い》端《たん》

類語 異色

その時代の大多数の人や、**正統と認められているもの**からはずれているか、それに反対する立場であること。

異端児

●少数派の考えを（**異端**）視してはならない。

□ 984 権《ごん》化《げ》

類語 化身《けしん》

仏、菩薩《ぼさつ》などが人々を救うために**仮の姿**でこの世に現れたもの。

化身《けしん》→146
偶像《ぐうぞう》→979

●（**詩魂**）の感じられる作品。

985 習作

意味：芸術の分野で**練習のために作った**作品。エチュード。

986 周遊

類語：漫遊《まんゆう》・回遊

意味：各地を**旅行**して回ること。

関連：遊山《ゆさん》→987

987 遊山《ゆさん》

類語：観光・行楽

意味：よそへ**気晴らしに遊びに出かける**こと。山遊び。

関連：周遊→986

988 老舗《しにせ》

類語：名店

意味：**代々同じ商売**を続けている店。

989 反物《たんもの》

類語：布地

意味：一反になっている**和装用の織物**。呉服《ごふく》。

関連：生地《きじ》

990 系譜《けいふ》

類語：系図・系統

意味：**血縁関係**を順に記した物。また、同じような特徴《とくちょう》を持って続いている、**物事のつながり**。

関連：家柄《いえがら》→186　身内→380　家系図

用例 （　）に上の言葉のどれかを入れましょう。

- JRの（　周遊　）券で、東北地方の秋を満喫《まんきつ》した。
- 百年以上続く、（　老舗　）のそば屋を訪れる。
- （　反物　）を選んで、振《ふ》り袖《そで》を作る。
- 物見《ものみ》（　遊山　）に家族で出かける。
- ゴッホの（　習作　）が発見された。
- ホトトギス派の（　系譜　）に連なる。

991 喜《き》寿《じゅ》

数え年の七十七歳《さい》。またその祝い。「喜」の草書体「㐂」が「七十七」に見えるから。

992 有終

物事の最後をまっとうすること。

993 桃源郷《とうげんきょう》

類語 理想郷

俗世間《ぞくせけん》を離《はな》れた平和な世界。仙境《せんきょう》。

994 不《ふ》朽《きゅう》

類語 不滅《ふめつ》

優《すぐ》れていて、いつまでも朽《く》ちないこと。後世まで長く残ること。

不滅 →147

995 流《りゅう》儀《ぎ》

類語 様式

物事の仕方。やり方。しきたり。

スタイル

996 継《けい》承《しょう》

類語 承継

身分や権利、財産などを受け継《つ》ぐこと。

相続

- （ 有終 ）の美を飾《かざ》るために精一杯《せいいっぱい》努力する。
- これこそ、（ 不朽 ）の名作といえる作品だ。
- この地は空気も水もきれいで、まるで（ 桃源郷 ）のようだ。
- 伝統文化の（ 継承 ）を期待する。
- 私なりの（ 流儀 ）でやらせてもらいたい。
- 祖母は（ 喜寿 ）の記念に絵画の個展を開いた。

番号	言葉	類語	意味	関連
997	家元	宗家《そうけ》	武道や芸道の技芸を守り、本家としてその**伝統を継承《けいしょう》する家**。	総本家
998	末《まつ》期《ご》	臨終・今際《いまわ》	**一生の終わり**のとき。人の死に際《ぎわ》。	最期 末期の水
999	黙《もく》礼《れい》	目礼	**黙《だま》って敬礼する**こと。黙ってお辞儀《じぎ》をすること。	会釈《えしゃく》→386 最敬礼
1000	お家芸	十八番《おはこ》	家に伝わる独特の芸。**最も得意**とするもの。	お手のもの
1001	忌《い》まわしい	おぞましい	**いとわしい**。嫌《いや》だ。不吉だ。	疎《うと》ましい→1302
1002	末代		**死んだ後**の世。後世。	末代物

用例　（　）に上の言葉のどれかを入れましょう。

- 茶道《さどう》の（　家元　）の初釜《はつがま》に招待された。
- 参列者は棺《ひつぎ》に（　黙礼　）した。
- レスリングは、日本の（　お家芸　）だ。
- こんな事件を起こすなんて、（　末代　）までの恥《はじ》だ。
- （忌まわしい）戦争については、思い出したくない。
- 動物も（　末期　）の悲しみがあるようだ。

第2章 政治・経済・社会

□ 1003
画策
はかりごとを巡《めぐ》らすこと。計画を実現するよう努めること。
策略

□ 1004
デフレーション
物価水準の下落。貨幣《かへい》や信用供給の収縮が原因。【略】デフレ ⇔インフレーション

□ 1005
略歴
おおよその経歴。
著者略歴

□ 1006
陥《かん》落《らく》
城、陣地《じんち》などが攻《せ》め落とされること。落ち込《こ》むこと。

□ 1007
気《き》鋭《えい》
意気込《ご》みの鋭《するど》いこと。
新進気鋭

□ 1008
栄《えい》華《が》
権力や財力で華《はな》やかに栄えること。
類語 繁栄《はんえい》

- 作家の（ 略歴 ）を興味深く読む。
- こんな無茶な計画を裏で（ 画策 ）したのは誰《だれ》か。
- 周囲を敵に囲まれ、城は（ 陥落 ）した。
- （デフレーション）からの脱却《だっきゃく》には、民間需要《じゅよう》の回復が必要だ。
- （ 栄華 ）を極《きわ》めた平家《へいけ》も、ついに滅《ほろ》びた。
- （ 気鋭 ）の作家たちが一堂に会した。

	言葉	意味	関連
1009	牽《けん》制《せい》	ある行動によって相手の自由な行動を妨《さまた》げること。	牽制球
1010	枯《こ》渇《かつ》	水や、物資などが尽《つ》きてなくなること。	乾燥《かんそう》
1011	誤算	誤った計算。予測と違《ちが》う結果になること。	見《み》込《こ》み違い
1012	ナショナリズム	国家主義。民族主義。国民主義。	ナショナリスト
1013	沈《ちん》滞《たい》 類語 停滞《ていたい》	活気がなく、積極的な動きの見られないこと。	
1014	転《てん》嫁《か》	自分の責任や過失などを他人に負わせること。	

用例 （　）に上の言葉のどれかを入れましょう。

- スポーツの祭典には、一種の（ナショナリズム）が表れた。
- 社内に（沈滞）ムードが漂《ただよ》っている。
- 互《たが》いに（牽制）し合ってばかりでは、党首の本音が聞けない。
- 部下に責任を（転嫁）する上司は嫌《きら》われる。
- 二人が知り合いだったなんて、とんだ（誤算）だ。
- 地下資源の（枯渇）が心配だ。

重要語
第1章
第2章
第3章
第4章
第5章
第6章
第7章

1015	廃《はい》絶《ぜつ》 類語 撤廃《てっぱい》	廃《すた》れて絶えること。	廃止
1016	物議 類語 論議	世間の批評。とりざた。	
1017	弊《へい》害《がい》 類語 害悪	害を及《およ》ぼすこと。害となること。	害毒
1018	インフラ	水道・電気・電話・ガスなどの社会生活の基盤《きばん》となるもの。インフラストラクチャーの略。	ライフライン →220 インフラ整備
1019	謹《きん》慎《しん》 類語 蟄居《ちっきょ》	罰《ばつ》として登校や出社を禁止すること。言葉や行いを慎《つつし》むこと。	自宅謹慎
1020	繰《く》り合わせる	うまくやりくりして都合をつけること。	調整する 工面する

- 副作用という（ 弊害 ）がない薬が望ましい。
- （インフラ）の整備が途上国《とじょうこく》の課題となっている。
- 政敵を痛烈《つうれつ》にののしって（ 物議 ）をかもす。
- 核兵器《かくへいき》の（ 廃絶 ）は、ヒロシマ、ナガサキの願いだ。
- 万障《ばんしょう》（繰り合わせ）て出席する。
- 三か月の（ 謹慎 ）が解けて、職場に復帰する。

□ 1021

傍《ぼう》観《かん》

類語 傍見・手をこまねく

意味 **そばで見ている**こと。何もしないで見ているだけのこと。

関連 手をこまねく→763 傍観者

□ 1022

水掛《か》け論

類語 押《お》し問答

意味 互《たが》いに論旨《ろんし》がかみ合わず、**果てしなく続く議論**。

関連 平行線

□ 1023

憂《う》き目

意味 **つらく悲しい**経験。苦しい体験。

関連 憂き目にあう

□ 1024

妙《みょう》案《あん》

類語 名案

意味 非常に**よい考え**。グッドアイディア。すばらしい思いつき。

□ 1025

オフレコ

類語 非公式・内密

意味 記者が取材した内容を**公表したり記録したりしない**こと。オフ・ザ・レコードの略。

関連 内密→374

□ 1026

栄転

類語 昇進《しょうしん》

意味 役職や職場が**よりよい地位や場所に移る**こと。⇔左遷《させん》

関連 左遷→1142

用例 （　）に上の言葉のどれかを入れましょう。

- これ以上続けても（水掛け論）になるだけだから、議論は終《しゅう》了《りょう》しよう。
- （　傍観　）しているだけでなく、一緒《いっしょ》に解決策を考えてほしい。
- 父の（　栄転　）でニューヨークに行く。
- さまざまな（　妙案　）が浮《う》かんでくる。
- この話は（オフレコ）にしてくださいね。
- 二度と不合格の（　憂き目　）は見ないぞ。

重要語
第1章
第2章
第3章
第4章
第5章
第6章
第7章

□ 1027
失《しっ》墜《つい》
類語 失脚《しっきゃく》
名誉《めいよ》や信用をなくすこと。

□ 1028
飛《ひ》躍《やく》
類語 跳躍《ちょうやく》・躍進
急速に進歩すること。飛び上がること。順序や段階をふまず、先に進むこと。

□ 1029
機運
類語 時運
時の巡《めぐ》り合わせ。よい機会。
機運が熟する

□ 1030
たたき上げ
鍛《きた》えられ努力して上達したり出世したりすること。
苦労人

□ 1031
抜《ばっ》本《ぽん》
物事の根本の原因を取り除くこと。
抜本策

□ 1032
マイノリティー
少数。少数派。⇔マジョリティー

- 汚職《おしょく》により、大物政治家の信用は（ 失墜 ）した。
- 彼《かれ》は（たたき上げ）の職人だから、腕《うで》がいい。
- （マイノリティー）の立場を擁《よう》護《ご》する政治家が望まれる。
- この問題の（ 抜本 ）的な解決策が必要だ。
- 医学の（ 飛躍 ）的な進歩で、長寿《ちょうじゅ》社会となった。
- 政界再編の（ 機運 ）が高まる。

番号	言葉	類語	意味	関連
▢ 1033	難航	難渋《なんじゅう》	障害のため、**物事がはかどらない**こと。	難局→219 暗礁《あんしょう》→7 受難→1411
▢ 1034	反《ほ》故《ご》	解約・破棄《はき》	**無効**。取り消し。役に立たないもの。書き損《そこ》なった不用紙が語源。	破棄→318 キャンセル
▢ 1035	零《れい》細《さい》	弱小	規模が**きわめて小さい**こと。ごくわずかなこと。	
▢ 1036	摘《てき》発《はつ》	公表	**悪事などを暴《あば》いて、公《おおやけ》にする**こと。	暴露《ばくろ》→313 告発
▢ 1037	収束	収拾《しゅうしゅう》	**収まりがつく**こと。⇔発散	収拾→368
▢ 1038	相《そう》殺《さい》	帳消し	差し引いて、**互《たが》いに損得がないようにする**こと。「そうさつ」は誤読。	棒引き

用例 （　）に上の言葉のどれかを入れましょう。

- ●これで貸し借りを（　相殺　）しよう。
- ●親友との約束を（　反故　）にして、絶交される。
- ●今回の大騒動《そうどう》も、ようやく（　収束　）した。
- ●不況《ふきょう》により、（　零細　）企業《きぎょう》が苦しい思いをする。
- ●違法《いほう》な裏取引が（　摘発　）された。
- ●この議案は、（　難航　）しそうな予感がする。

□ 1039 **批《ひ》准《じゅん》**
類語 確認
条約に対して国家機関・国会などが、最終的な**同意を与《あた》える**こと。
批准書
●環《かん》境《きょう》を保全する多国間条約を（批准）する。

□ 1040 **併《へい》合《ごう》**
類語 合併・統合
複数のものを合わせて**一つにまとめる**こと。
統合→133
合体
●先生の（計らい）で、特別授業に出席できた。

□ 1041 **謀《む》反《ほん》**
類語 反逆
時の支配者などに**逆らい、挙兵する**こと。
暴動→316
反乱
造反
●少子化で、学校の（併合）が増えている。

□ 1042 **頻《ひん》発《ぱつ》**
類語 多発
短期間に**次から次に同じ種類の物事が起こる**こと。
群発
●いたずらに競争心ばかりを（あおっ）てはいけない。

□ 1043 **計らい**
類語 配《はい》慮《りょ》
考えて**うまく処置する**こと。
配慮→688
処《しょ》遇《ぐう》
●織《お》田《だ》信《のぶ》長《なが》は、明《あけ》智《ち》光《みつ》秀《ひで》の（謀反）にあった。

□ 1044 **あおる**
類語 たきつける・促《うなが》す
そそのかす。おだてる。
促す→527
たきつける→652
挑《ちょう》発《はつ》する
●空《あ》き巣《す》が（頻発）している。

言葉 / **意味** / **関連**

□ 1045 いさめる

類語 諭《さと》す・戒《いまし》める

意味：おもに**目上の人**に対して忠告する。

関連：たしなめる→615　諭《さと》す→621　戒《いまし》める→625

□ 1046 委《い》嘱《しょく》

類語 委託《いたく》

意味：ある仕事を**部外の人に任せ頼《たの》む**こと。

関連：付託　嘱託

□ 1047 波《は》及《きゅう》

類語 伝播《でんぱ》

意味：影響《えいきょう》が徐々《じょじょ》に**広範囲《こうはんい》に及《およ》んでゆく**さま。

関連：伝染《でんせん》

□ 1048 奨《しょう》励《れい》

類語 勧奨《かんしょう》

意味：あることをするように**勧《すす》め励《はげ》ます**こと。

関連：督励《とくれい》

□ 1049 寄《き》与《よ》

類語 貢献《こうけん》

意味：人や社会のために、**役に立つことをする**こと。

関連：貢献→202　献身　尽力《じんりょく》

□ 1050 抑《よく》圧《あつ》

類語 圧迫《あっぱく》

意味：**行動や自由**などを抑《おさ》えること。

関連：弾圧《だんあつ》

用例　（　）に上の言葉のどれかを入れましょう。

- 円安の効果がじわじわ（ 波及 ）する。
- 財政再建に（ 寄与 ）したい。
- 先住民族を（ 抑圧 ）することは許されない。
- 悪いことは悪いと（いさめる）人が必要だ。
- 健康のためにスポーツを（ 奨励 ）する。
- 市に（ 委嘱 ）されて、小学校の校医になる。

1051 よこしま
類語 不正

正しくないこと。

邪悪《じゃあく》
不正義

●（よこしま）な考えを持っていては、信頼《しんらい》は得られない。

1052 理《り》不《ふ》尽《じん》
類語 不合理

道理に合わないこと。

非条理

●食品の産地の（偽装）が発覚する。

1053 荒《こう》廃《はい》

荒《あ》れ廃《すた》れること。すさむこと。荒れ果てること。

●戦乱が長引くことで、人の心も（荒廃）する。

1054 イデオロギー

政治や社会生活の様式を決定する**根本となる考え方**。観念形態。

政治思想
社会思想

●世の中では（理不尽）な事件がたびたび起こる。

1055 横行

悪事や悪者がのさばること。勝手気ままに歩き回ること。

はびこる→314
大手《おおで》を振る→767
横行闊歩《おうこうかっぽ》

●不正の（横行）を食い止める。

1056 偽《ぎ》装《そう》

ごまかすための装《よそお》いや行動。カムフラージュ。

偽装工作
はかりごと

●（イデオロギー）の対立による冷戦が終わり、民族紛争《ふんそう》が目立ってきた。

用例　（　）に上の言葉のどれかを入れましょう。

□ 1057

言葉　**陥《おちい》る**

意味　**計略にひっかかる**。よくない状態にはまり込《こ》む。

関連　落ち込む

用例　●信頼《しんらい》していた人に裏切られ、窮地《きゅうち》に（ **陥る** ）。

□ 1058

言葉　**壊《かい》滅《めつ》**

類語　全滅・絶滅

意味　組織や機構などがすっかり**壊《こわ》れてなくなる**こと。

関連　絶滅→99
崩壊《ほうかい》→185
壊滅状態

用例　●山火事で、（ **壊滅** ）的な打《だ》撃《げき》を受けた。

□ 1059

言葉　**飢《き》餓《が》**

意味　食べ物がなくて**飢《う》える**こと。

関連　飢え

用例　●地球上の（ **飢餓** ）人口は、少しも減らない。

□ 1060

言葉　**空前**

類語　未《み》曽《ぞ》有《う》

意味　今までに**例のない**こと。

関連　空前絶後→925
前代未聞→938

用例　●（ **空前** ）の好景気で相場が活気づく。

□ 1061

言葉　**のっとる**

類語　従う

意味　**手本**とする。規準や規範《きはん》とする。

用例　●法に（ **のっとっ** ）て裁くべき事案だ。

□ 1062

言葉　**功《こう》名《みょう》**

意味　手柄《てがら》を立て、**名をあげる**こと。

関連　けがの功名

用例　●新聞記者は（ **功名** ）心から特ダネを追う。

□ 1063

朗報

類語 吉報《きっぽう》

うれしく、明るい知らせや報告。グッドニュース。⇔悲報

●（マニフェスト）を守らない政党は信用を失う。

□ 1064

花形

華《はな》やかで、人気のある人や物事。

花形役者　花形選手

●上司として部下を（掌握）することは重要だ。

□ 1065

マニフェスト

政権公約、選挙公約。もともとは、宣言、声明書を意味する。

政策宣言

●国宝と（銘打っ）た壺《つぼ》に人々が群がる。

□ 1066

駆《く》使《し》

思いどおりに使いこなすこと。

行使

●受験生からの（朗報）を待つ。

□ 1067

掌《しょう》握《あく》

意のままにすること。

把《は》握《あく》

●フランス語を（駆使）して商談に臨《のぞ》んだ。

□ 1068

銘《めい》打《う》つ

名目をつける。

称《しょう》する

●あの役者は、今の歌《か》舞《ぶ》伎《き》界《かい》の（花形）だ。

番号	言葉	類語	意味	関連
1069	盟友	同志	固い約束で結ばれた友人。志を同じくする友。	
1070	綿密	緻密《ちみつ》・精密・細心	細かい点まで注意が行き届いていること。	細心→701
1071	フィルタリング		有害サイトアクセス制限のこと。	インターネット
1072	抑《よく》止《し》	制圧・制止	行動を思いとどまらせること。	圧迫《あっぱく》
1073	蔓《まん》延《えん》		好ましくないことやものが伸《の》び広がり、はびこること。	はびこる→314
1074	寂《さび》れる	廃《すた》れる	にぎやかだったところが衰《おとろ》えて寂しくなる。	荒廃《こうはい》する

用例　（　）に上の言葉のどれかを入れましょう。

- 武力行使を（抑止）するために、各国が協調する。
- インフルエンザが町中に（蔓延）する。
- 彼《かれ》は一緒《いっしょ》に宇宙飛行士を目指した（盟友）だ。
- 旅行の（綿密）な計画を立てる。
- 地方の商店街は（寂れる）ばかりだ。
- ネットには有害情報も増えているため、（フィルタリング）は重要だ。

□ 1075

剥《はく》奪《だつ》

はぎとること。力ずくで奪《うば》い取ること。

取り上げる

□ 1076

むしばむ

類語 冒《おか》す

虫が食うように心や体を少しずつ損《そこ》なうさま。

□ 1077

シミュレーション

試《ため》しにやってみること。模《も》擬《ぎ》実験。

マーケティング・シミュレーター

□ 1078

抜《ばっ》擢《てき》

類語 登用

多くの中から特に引き抜《ぬ》いて用いること。

起用

□ 1079

擁《よう》護《ご》

類語 保護・庇《ひ》護《ご》・弁護

かばい守ること。助け守ること。

弁護→191

□ 1080

くすぶる

火がよく燃えずに煙《けむり》ばかりが出る。引きこもるさま。また、問題が完全に解決されず残っている意味でも用いる。

低《てい》迷《めい》する

●何度も（シミュレーション）を繰《く》り返してから実行に移すべきだ。

●家の中で（くすぶっ）ていないで、外に出よう。

●日本代表チームのキャプテンに（抜擢）される。

●人権（擁護）団体がポスターを募《ぼ》集《しゅう》する。

●法に反する行《こう》為《い》から、資格を（剥奪）された。

●心も体も薬に（むしばま）れる。

番号	言葉	意味	関連
1081	潤《じゅん》滑《かつ》油《ゆ》	物事を円滑に運ぶための役割。仲立ちとなるもの。	
1082	矢《や》面《おもて》に立つ	抗議《こうぎ》や質問、非難などをまともに受ける立場に立つ。	体を張る
1083	カリスマ	一般大衆《いっぱんたいしゅう》を魅了《みりょう》するような資質や技能を持った人気者《にんきもの》。	預言者
1084	玉虫色	解釈《かいしゃく》のしようによって、どちらとも取れるあいまいな表現。	
1085	模《も》索《さく》 類語 詮索《せんさく》・物色	手探《さぐ》りであれこれと探すこと。	物色→361 暗中模索→1339
1086	漸《ぜん》次《じ》 類語 徐々《じょじょ》に	次第に。だんだん。	

用例 （　）に上の言葉のどれかを入れましょう。

- （玉虫色）の決着に不満を持つ。
- 不祥事《ふしょうじ》を謝罪する会見では、社長が（矢面に立っ）た。
- 他の方法を（模索）する。
- あの人には（カリスマ）性がある。
- （漸次）、景気は回復するだろう。
- 彼《かれ》の笑顔《えがお》は、ミーティングの場の（潤滑油）となった。

□ 1087

内部告発

組織内の者が、その組織の不正を公《おおやけ》にすること。

●(GDP)世界第二位の座を明け渡す。

□ 1088

採《さい》択《たく》

類語 採用

複数の中から選び取ること。

選択

●窓から人や車の(往来)を眺《なが》める。

□ 1089

ターゲット

類語 目あて

的。標的。

●若者を(ターゲット)にした商品を開発する。

□ 1090

GDP

国内総生産。国内で一定時間内に生産された財貨・サービスの総額。

GNI(国民総所得)

●子どもの権利条約が、ついに国連で(採択)された。

□ 1091

内《ない》需《じゅ》

国内の需要。⇔外需

需要→256

●(内部告発)者は「公益通報者保護法」で守られる。

□ 1092

往来

人や車などが行き来すること。また、道路や街道。

●景気が回復すれば、(内需)の拡大も期待できる。

□ 1093

言葉：ノウハウ

類語：秘訣《ひけつ》・秘法

意味：**物事のやり方**に関する知識。実際的な知識。専門的な技術や技能の総称《そうしょう》。

□ 1094

言葉：年功序列

意味：**勤続年数や年齢《ねんれい》**によって地位や賃金が上がること。

関連：能力主義

□ 1095

言葉：粉《ふん》飾《しょく》

類語：虚飾《きょしょく》

意味：取り繕《つくろ》って立派に見せること。**うわべを飾《かざ》る**こと。

関連：水増し→232

□ 1096

言葉：ヘルパー

意味：**手伝い**。助手。家事や介護《かいご》などに派遣《はけん》される人。

関連：ホームヘルパー

□ 1097

言葉：脱《だっ》却《きゃく》

類語：脱出

意味：**脱《ぬ》け出る**こと。脱ぎ捨てること。

□ 1098

言葉：鍛《たん》錬《れん》

類語：修練

意味：体や精神などを**鍛《きた》えて強くする**こと。技芸などを磨《みが》くこと。

用例　（　）に上の言葉のどれかを入れましょう。

- 仕事の（ノウハウ）を先輩《せんぱい》社員から学び取る。
- デフレからの（　脱却　）は、新政権の目玉といえる目標だ。
- 日々の（　鍛錬　）の成果が出た。
- （　粉飾　）決算は、投資家や株主を裏切る行為《こうい》だ。
- （ヘルパー）の資格を取る。
- （年功序列）型の賃金体系が、能力給に代わりつつある。

□ 1099

挽《ばん》回《かい》

類語 回復

失ったものを取り返すこと。元へもどすこと。

名誉《めいよ》挽回《ばんかい》

●以上の点に（ **留意** ）して、開発を続けてもらいたい。

□ 1100

セキュリティー

安全。**防犯**。安全保障。

セキュリティーシステム

●失敗を何とか（ **挽回** ）したい。

□ 1101

委《ゆだ》ねる

類語 委任する

一切を**他人に任せる**。身をささげる。

●（**セキュリティー**）のしっかりしたマンションに住むと安心だ。

□ 1102

留意

類語 注意

物事を**心にとどめて気を配る**こと。

留意点

●祖父は（ **世渡り** ）の下手な人だった。

□ 1103

赦《しゃ》免《めん》

類語 免罪・免責

罪や過失を許すこと。

免責→1452
赦免状

●最終判断は部長に（ **委ね** ）られた。

□ 1104

世《よ》渡《わた》り

類語 渡世《とせい》

世の中で**生活していく**こと。

処世

●（ **赦免** ）を請《こ》うてみたが、却下《きゃっか》された。

□ 1105
言葉 色眼鏡《いろめがね》で見る
類語 偏見《へんけん》を持つ
意味 先入観をもってものを見る。偏《かたよ》った見方をする。
関連 先入観→141　偏見→177

□ 1106
言葉 グレーゾーン
意味 判断が分かれるもの。あいまいな領域。中間領域。
関連 玉虫色→1084

□ 1107
言葉 白紙
意味 先入観のない状態のたとえ。元の状態。
関連 白紙撤回《てっかい》

□ 1108
言葉 波《は》紋《もん》
類語 影響《えいきょう》
意味 何かのきっかけで、物事が関連しあいながら次々と他に及《およ》んでゆくさま。
関連 波紋を投じる　波紋《はもん》を呼ぶ

□ 1109
言葉 草分け
類語 先駆者《せんくしゃ》
意味 物事を初めてすること。またその人。創始者。
関連 画期的→192　先駆者→1115　パイオニア

□ 1110
言葉 潮流
類語 時流
意味 時勢の動き。時代の流れ。
関連 風潮→388　趨勢《すうせい》→1423　トレンド

用例（　）に上の言葉のどれかを入れましょう。

●日本では彼女《かのじょ》はアーチェリーの（草分け）的存在だ。

●グローバル経済の（潮流）に乗り遅《おく》れる。

●人を（色眼鏡で見る）のは君の悪い癖《くせ》だ。

●彼女《かのじょ》の発言は、さまざまな（波紋）を投げかけた。

●もう一度、（白紙）に戻《もど》して議論しよう。

●検査の数値は（グレーゾーン）である。

□ 1111

スキルアップ

技能や能力を向上させること。腕前《うでまえ》を上げること。

技能向上

□ 1112

経《けい》緯《い》

類語 経過・過程

物事の入り組んだ事情。**いきさつ**。

過程→457

□ 1113

二次的

類語 副次的

ある現象や事柄が、**他の主要なものに対して従属した関係にある**さま。

□ 1114

過《か》渡《と》期《き》

類語 移行期

ある状態から新しい状態へ**移り変わっていく途中《とちゅう》**の時期。

□ 1115

先《せん》駆《く》者《しゃ》

類語 草分け

他の人に先立って、新しい分野を切り開く人。

画期的→192
率先→714
草分け→1109

□ 1116

暫《ざん》定《てい》

類語 一時的

正式に決定するまで、**仮に定める**こと。臨時の措置《そち》。

暫定予算
暫定措置

- 戦国の世の（過渡期）に、この物語が誕生した。
- （暫定）的にこの日程で計画を進めていく。
- 事故の（経緯）を詳《くわ》しく説明する。
- 若者の（スキルアップ）を助けるための職業教育も必要だ。
- 彼《かれ》はこの業界の（先駆者）だ。
- （二次的）な災害に備えたい。

1117 若輩《じゃくはい》

類語 若年

意味 年が若い者。また、**経験が浅く未熟**な者。

関連 青二才→1296 未熟者

1118 平生《へいぜい》

類語 日常・平常

意味 **普段《ふだん》**。常日頃《ひごろ》。いつも。

1119 法外

意味 著《いちじる》しく**度を越《こ》している**こと。非常なこと。とんでもないこと。

関連 並外れ けた違《ちが》い 度外れ

1120 群集心理

類語 集団心理

意味 群集が示す特殊《とくしゅ》な**心理状態**。

1121 セレブ

類語 著名人

意味 名士。**有名人**。セレブリティーの略。

1122 逐次《ちくじ》

類語 順次

意味 順を追って**次々に行われる**さま。

用例

（ ）に上の言葉のどれかを入れましょう。

- （ 平生 ）から早寝《はやね》早起きを心がける。
- （群集心理）を巧《たく》みに操《あやつ》る宣伝文句。
- （ セレブ ）御用達《ごようたし》の店が、ずらりと軒《のき》を並べている。
- （ 法外 ）な請求書《せいきゅうしょ》をつきつけられた。
- （ 若輩 ）者ですが、お役に立てるように頑張《がんば》ります。
- （ 逐次 ）、地球の浄化力《じょうかりょく》は限界に近づいている。

□ 1123
駆《く》逐《ちく》
類語 駆除・撃退《げきたい》

敵などを追い払《はら》うこと。

駆逐艦《かん》

□ 1124
臨《のぞ》む

向かい合う。面する。出席する。ある機会や場面にぶつかる。

□ 1125
恐《きょう》喝《かつ》
類語 脅迫《きょうはく》

相手の弱点や秘密などをもとにおどしたり、ゆすったりすること。

恐喝罪

□ 1126
注視
類語 注目

注意してよく見ること。

凝視《ぎょうし》→540
固唾《かたず》をのむ→662
しげしげと→1350

□ 1127
潤《じゅん》沢《たく》

つや。うるおい。豊富に物資や利益があること。十分なゆとり。

□ 1128
虚《きょ》偽《ぎ》
類語 虚構

うそや偽《いつわ》り。真実であるかのように見せかけること。
⇔真実

作りごと

- 最終決戦に（臨み）、入念な仕上げをする。
- （虚偽）の申告《しんこく》があったことが発覚する。
- 領海に侵入《しんにゅう》してきた外国船を（駆逐）する。
- 有権者の動向を（注視）する。
- （潤沢）な人間関係を生かして事業を拡大する。
- 弱みにつけ込《こ》んで（恐喝）する。

番号	言葉	類語	意味	関連
1129	クレーマー	要求者	しつこく苦情を言う人。	請求者《せいきゅうしゃ》
1130	享《きょう》受《じゅ》		**受け取って自分のものにする**こと。味わい楽しむこと。	
1131	安住		**落ち着いて住む**こと。その状態や地位に**満足する**こと。	安住の地
1132	再興	再起	**再び、国や企業《きぎょう》、家業などを興《おこ》す**こと。	復興
1133	円《えん》滑《かつ》	順調	**角が立たず、滑《なめ》らか**なこと。物事がとどこおりなく進むこと。	スムーズ
1134	抹《まっ》消《しょう》	消去	**消し去る**こと。	

用例　（　）に上の言葉のどれかを入れましょう。

- 悪質な（クレーマー）への対応に頭を悩《なや》ます。
- 国家（ 再興 ）の夢がかなう。
- ギネスブックの登録が、不正により（ 抹消 ）される。
- 科学技術の恩恵《おんけい》を（ 享受 ）する。
- 現在の生活に（ 安住 ）しているようではいけない。
- （ 円滑 ）な人間関係を築くべきだ。

□ 1135

つるし上げる

類語 責め立てる

大勢の人が特定の人を問いつめ、**厳しく責める**。

追及《ついきゅう》→356
槍玉《やりだま》に挙げる
→895

□ 1136

徒労

類語 無駄骨《むだぼね》

無益な労働や労苦。

骨折り損

□ 1137

混《こん》沌《とん》

類語 混然

入りまじって区別がつかず、**はっきりしない**さま。カオス。

□ 1138

修《しゅう》繕《ぜん》

類語 修理

破損したところを直すこと。

修復

□ 1139

角が立つ

事が荒《あら》立《だ》つ。穏《おだ》やかでなくなる。険悪になる。

□ 1140

偉《い》業《ぎょう》

類語 大業

偉大な事業。立派な仕事。優《すぐ》れた業績。

- 洗濯機《せんたくき》を（修繕）する。
- 長らく政治が（混沌）としている。
- 失敗した者を（つるし上げる）ようなやり方では解決しない。
- （偉業）を達成したわりには謙虚《けんきょ》な人だ。
- ここで退席しては（角が立つ）よ。
- せっかくの努力も（徒労）に終わった。

言葉 / 意味 / 関連

□ 1141 遵《じゅん》守《しゅ》

規則や法律などを守ること。

⇔違反《いはん》

□ 1142 左《さ》遷《せん》

類語 更迭《こうてつ》

役職などをそれまでよりも低い地位に移すこと。⇔栄転

栄転→1026

□ 1143 コンセプト

概念《がいねん》。意図。構想。テーマ。核心《かくしん》・骨格となる発想や観点。

□ 1144 棄《き》権《けん》

類語 放棄

権利を捨てて行使しないこと。

リタイア

□ 1145 君臨

類語 支配

君主として国家を統治すること。君主の座にあること。

統治→359

絶対的勢力

□ 1146 迎《げい》合《ごう》

相手の気に入るように努めること。相手に合わせて自分の意見や態度を変えること。

へつらう→479

こびる→622

妥協《だきょう》

用例 （　）に上の言葉のどれかを入れましょう。

- この事業の（コンセプト）は、能力の社会的活用です。
- 強風で、レースを（　棄権　）する人が続出した。
- 強者に（　迎合　）する政治は信用できない。
- 法律の（　遵守　）は当然である。
- 菅原道真《すがわらのみちざね》ははるか遠く大宰府《だざいふ》に（　左遷　）された。
- 業界で長く（　君臨　）してきた会社が倒産《とうさん》した。

重要語
第1章
第2章
第3章
第4章
第5章
第6章
第7章

1147 公《こう》僕《ぼく》
類語 役人
公務員。公衆に奉仕《ほうし》する者。
奉仕者
●これで今月の（ノルマ）は達成できた。

1148 護衛
類語 警護
付き添《そ》って守ること。また、その人。
防衛
警衛
●要人の（護衛）を頼《たの》まれる。

1149 ノルマ
各自に課せられた仕事などの量。語源はロシア語。
●国民の（公僕）としての務めを果たす。

1150 諮《し》問《もん》
機関や有識者に、ある問題に関する意見を求めること。
オピニオン→228
答申→1432
●政治的な（折衝）は慎重《しんちょう》にすべきだ。

1151 聖域
神聖な場所で侵《おか》してはならないところ。サンクチュアリ。
●政府の（諮問）機関に勤務する。

1152 折《せっ》衝《しょう》
類語 交渉《こうしょう》・談判
利害が一致《いっち》しない物事の駆《か》け引きをすること。
外交
渉外
●（聖域）といわれた場所に捜査《そうさ》の手が伸《の》びた。

□ 1153 示《し》唆《さ》

言葉: 示《し》唆《さ》
類語: 暗示

意味: それとなく物事を**示し教える**こと。ほのめかすこと。

関連: 暗示 → 453

□ 1154 羅《ら》列《れつ》

言葉: 羅《ら》列《れつ》
類語: 配列

意味: **連ね並べる**こと。

関連: 並列 → 52

□ 1155 流《りゅう》暢《ちょう》

言葉: 流《りゅう》暢《ちょう》
類語: 流麗《りゅうれい》

意味: 話しぶりが**滑《なめ》らかでよどみない**こと。

関連: 立て板に水

□ 1156 蛇《だ》足《そく》

言葉: 蛇《だ》足《そく》
類語: 余計

意味: **余分なもの**。不要なもの。

関連: 余計 → 442

□ 1157 如《にょ》実《じつ》

言葉: 如《にょ》実《じつ》
類語: 有体《ありてい》

意味: **実際のとおり**であること。ありのままであること。

関連: リアル

□ 1158 必至

言葉: 必至
類語: 必然

意味: **必ずそうなる**こと。

関連: 必然 必定《ひつじょう》 → 456

用例

( )に上の言葉のどれかを入れましょう。

- 真相を(如実)に物語る。
- 数字の(羅列)ではなく、統計資料として分析《ぶんせき》せよ。
- (流暢)な日本語で話しかけられた。
- 高齢者《こうれいしゃ》の戦争体験談は、生き方そのものへの(示唆)に富むものだ。
- 国民的議論を呼ぶだろうことは(必至)だ。
- (蛇足)ですが、日本の国花は梅ではありません。

1159 文《もん》言《ごん》

類語 文句

文章中の**言葉**、語句。

語彙《ごい》

●(**あからさま**)な悪意を感じる。

1160 赤《せき》裸《ら》々《ら》

類語 露《ろ》骨《こつ》・あからさま

包み隠《かく》しのないさま。

露骨→853
あからさま→1162

●自分の体験を(**赤裸々**)に告白する。

1161 機知

類語 機転

その場その場に応じて活発に働く才知。

ウィット
エスプリ

●彼《かれ》の(**機知**)に富んだスピーチに会場が和《なご》む。

1162 あからさま

類語 露《ろ》骨《こつ》・赤《せき》裸《ら》々《ら》

ありのままに表すさま。

露骨→853
赤裸々→1160
むき出し

●日本中の美術館を(**網羅**)した資料を作成する。

1163 あらまし

類語 概略《がいりゃく》

だいたいのこと。**あらすじ**。

●息子《むすこ》の無事を祈《いの》る母の手紙の(**文言**)に涙《なみだ》する。

1164 網《もう》羅《ら》

そのことに関する**すべてを残らず取り入れる**こと。

●計画の(**あらまし**)を説明しておこう。

番号	言葉	類語	意味	関連
1165	帰納		個々の具体的な事例から、**一般的に通じる法則**を導き出すこと。⇔演繹《えんえき》	帰納法
1166	謙遜《けんそん》	卑下《ひげ》	**へりくだる**こと。控《ひか》え目にすること。⇔不遜《ふそん》	卑下《ひげ》→1274 謙譲《けんじょう》
1167	可変		**変えることができる**こと。変わることができること。⇔不変	可変性
1168	誇張《こちょう》	誇大	実際よりも**おおげさに表現する**こと。	針小棒大→1331 大言壮語《たいげんそうご》→1560
1169	韻文《いんぶん》	詩歌《しいか》	詩や和歌、俳句などの**リズムのある文**。⇔散文	
1170	技巧《ぎこう》	技能	優《すぐ》れた技術。特に**芸術作品を巧《たく》みに制作する**技術。テクニック。	技量

用例 （　）に上の言葉のどれかを入れましょう。

- 日本の（ 韻文 ）の歴史は古い。
- 話を（ 誇張 ）するのは、彼《かれ》の悪い癖《くせ》だ。
- 演奏家は、（ 技巧 ）に走りすぎてはならない。
- ここまでの事実から、次のような結論が（ 帰納 ）される。
- 労働者の賃金は、（ 可変 ）的な資本といわれる。
- あまり（ 謙遜 ）が過ぎると嫌味《いやみ》だね。

□ 1171
擬人化《ぎじんか》
類語 比喩《ひゆ》
人間でないものを、人間になぞらえて表現すること。
たとえ

□ 1172
擬音《ぎおん》
類語 効果音・擬声
映画や演劇、放送などで、**実際の音に似せて**人工的に作った音。⇔実音
擬音語

□ 1173
逆説
真相と反対のことを述べる形で、事の真相を表そうとする表現法。パラドックス。
逆説的表現

□ 1174
抜粋《ばっすい》
類語 抜《ぬ》き書き
書物などから**必要な部分だけを抜き出す**こと。抜き出したもの。
引用
抄出《しょうしゅつ》

□ 1175
余韻《よいん》
類語 名残・余情
鐘《かね》などを鳴らしたとき、音の消えたあとまで残る響《ひび》き。また、**事柄《ことがら》が終わった後に残る味わい**やおもむき。

□ 1176
便法
類語 秘訣《ひけつ》・奥《おく》の手
その場しのぎの手段。便利な方法。
奥の手→768
こつ

●これは、どこから（ 抜粋 ）した詩句ですか。

●（ 便法 ）にこだわりすぎるあまり、手抜《てぬ》きになっている。

●この詩は、石を（ 擬人化 ）したところが効果的だ。

●（ 逆説 ）が効果的な社説に感心した。

●ドラマ制作の（ 擬音 ）係を志望している。

●読後の（ 余韻 ）にひたる。

□ 1177 類《るい》型《けい》

類語　類似《るいじ》・典型・平凡《へいぼん》

意味　いくつかのものに共通している型。また、ありふれた型。

関連　相似　近似

□ 1178 論《ろん》拠《きょ》

意味　論証において、ある事実の真偽《しんぎ》を判定する根拠となる事柄《ことがら》。よりどころ。

関連　証拠《しょうこ》

□ 1179 具体

類語　具象

意味　形や内容を備えていること。⇔抽象《ちゅうしょう》

関連　抽象的→462　具現→961　具体化

□ 1180 自明

類語　明白

意味　すでに明らかなこと。はっきりしていること。

関連　自明の理

□ 1181 吟《ぎん》味《み》

類語　精査

意味　詳《くわ》しく念入りに調べること。

関連　検討

□ 1182 校正

類語　校閲《こうえつ》

意味　印刷などをする前に文章の内容や文字の誤りを正すこと。

用例

（　）に上の言葉のどれかを入れましょう。

- （　自明　）のことを今さらほじくり返すなんて。
- （　類型　）的にならないように、多角度から考察する。
- 素材の一つ一つが十分よく（　吟味　）された料理だ。
- 明確な（　論拠　）を示してほしい。
- （　校正　）の仕事は気が抜《ぬ》けない。
- 反対理由を（　具体　）的に述べるべきだ。

□ 1183 裏打ち

物事を別の面から補強すること。**裏づけ**。

根拠→461

□ 1184 言いよどむ

言葉がすらすら出てこない。**口ごもる**。

口ごもる→793

□ 1185 逸《いつ》脱《だつ》

類語 脱線《だっせん》

本来の意味や目的からそれること。

□ 1186 喚《かん》起《き》

注意や自覚、良心などを**呼び起こす**こと。

□ 1187 雑多

類語 雑然

種々のものが**入りまじっている**さま。

種種雑多

□ 1188 推《すい》敲《こう》

類語 添削《てんさく》

詩文を作るとき、最適の字句や表現を求めて**考えたり練り上げたりする**こと。

● 十分に（ **推敲** ）して、懸賞《けんしょう》論文に応募《おうぼ》する。

● 問い詰《つ》められて、（**言いよどむ**）とは怪《あや》しいな。

● 小学生に交通事故への注意を（ **喚起** ）するポスター。

● （ **雑多** ）な知識をひけらかす。

● 高い教養に（ **裏打ち** ）された言葉には説得力がある。

● 彼《かれ》の行いは任務を（ **逸脱** ）している。

第4章 性格・心情・性質

番号	言葉	類語	意味	関連
1189	寡黙《かもく》	無口・暗黙	**口数の少ない**こと。⇔饒舌《じょうぜつ》	暗黙→340
1190	しおらしい		**控《ひか》えめで慎《つつし》みがあり**、いじらしい。かわいらしい。けなげ。	慎み深い
1191	虚勢《きょせい》		見せかけだけの勢い。**空《から》いばり**。空元気。	強がり
1192	焦燥《しょうそう》	いらだち	**思うようにならなくて焦《あせ》る**こと。	焦燥感
1193	沈着《ちんちゃく》	冷静	**物事に動じない**こと。落ち着いていること。	沈着冷静
1194	様相		物事の**ありさまや様子**。	

用例 （　）に上の言葉のどれかを入れましょう。

- おしゃべりな母に比べ、父は（寡黙）な人だった。
- 事態は深刻な（様相）を呈《てい》してきた。
- （虚勢）を張って、キャッシュで車を購入《こうにゅう》する。
- 彼《かれ》の（沈着）な判断で、全員が救助された。
- 小犬の（しおらしい）様子に癒《いや》される。
- なかなか正確な情報が伝わらず、（焦燥）の色が濃《こ》くなる。

□ 1195

切《せっ》迫《ぱく》

類語 緊迫《きんぱく》

期限などが差し迫《せま》ること。緊張した状態になってくること。

緊迫→637
急迫《きゅうはく》

●不祥事《ふしょうじ》に対して、政府からは極《きわ》めて（ **遺憾** ）であるとのコメントが出された。

□ 1196

回想

類語 回顧《かいこ》

過去を振《ふ》り返り、思い巡《めぐ》らすこと。

回顧→1248
顧《かえり》みる→1281
回想録

●（ **切迫** ）した理由がない限り、途《と》中《ちゅう》退場は認めない。

□ 1197

天分

類語 天賦《てんぷ》・天性

生まれつきの才能。

天性→464
資質

●（ **悔恨** ）の涙《なみだ》を流してももう遅《おそ》い。

□ 1198

慢《まん》心《しん》

類語 自尊

いい気になり、**おごり高ぶる**こと。思い上がること。

天狗《てんぐ》になる

●一門の（ **慢心** ）により、平《へい》家《け》は滅亡《めつぼう》した。

□ 1199

遺《い》憾《かん》

類語 無念・悔恨《かいこん》

思うようにならなくて残念であること。

悔恨→1200
心残り
遺憾なく

●この映画は、何度も（ **回想** ）シーンが繰り返される。

□ 1200

悔《かい》恨《こん》

類語 無念・遺憾《いかん》

悔《く》やみ、残念に思うこと。

遺憾→1199
後悔

●子どもの（ **天分** ）を引き出すのは大人の役割だ。

	1201	1202	1203	1204	1205	1206
言葉	冷酷《れいこく》 類語 非情	冷笑《れいしょう》 類語 嘲笑《ちょうしょう》	屈強《くっきょう》 類語 頑強《がんきょう》	鮮烈《せんれつ》	圧巻	圧倒《あっとう》 類語 制圧
意味	思いやりがなくむごいこと。	さげすんで冷ややかに笑うこと。あざ笑うこと。	体力に優《すぐ》れ頑丈《がんじょう》なさま。	鮮《あざ》やかで強烈なさま。	書物、劇、催《もよお》し物などの中で、最も優《すぐ》れている部分。	はるかに優《すぐ》れた力で相手を押《お》さえつけること。
関連	非情→558 無慈悲《むじひ》	嘲笑→1311 シニカル→1500	タフ		見所 ハイライト	圧倒的勝利 圧倒的多数

用例 （ ）に上の言葉のどれかを入れましょう。

- 十七歳《さい》の新星が、（ 鮮烈 ）なデビューを飾《かざ》る。
- 王の（ 冷笑 ）にメロスは怒《おこ》った。
- 等身大の勇者の切り絵は、展覧会で（ 圧巻 ）だった。
- ラグビーは（ 屈強 ）な男たちのぶつかり合いだ。
- ベテランに（ 圧倒 ）されてしまった。
- 領主の（ 冷酷 ）な仕打ちに農民が立ち上がった。

番号	語	類語	意味	関連語
□ 1207	御《おん》の字		ありがたいこと。満足なこと。	恐《おそ》れ多い→620 万々歳《ばんばんざい》
□ 1208	果《か》敢《かん》	類語 勇敢・勇猛《ゆうもう》	思い切って行動すること。決断力の強いさま。	勇猛→1216 勇猛果敢
□ 1209	強《きょう》靭《じん》		強くしなやかで粘《ねば》りのあること。たくましいこと。	不死身 タフ
□ 1210	奮起	類語 発奮	気力を奮い起こすこと。	奮発
□ 1211	詠《えい》嘆《たん》	類語 感嘆	深く感動すること。	賞嘆
□ 1212	度量	類語 器量	他人の言動などを受け入れる心の広さ。	

- あまりの美しさに（ 詠嘆 ）の声が漏《も》れる。
- 彼《かれ》は（ 度量 ）の大きな人間で、些《さ》細《さい》なことで怒《おこ》ることはない。
- 冬山登山で、（ 強靭 ）な精神が試《ため》される。
- プロの選手に（ 果敢 ）に挑《ちょう》戦《せん》する。
- 先日の戦いぶりは野球部にとって（ 御の字 ）と言える内容だった。
- 最終回で（ 奮起 ）したのか、逆転のヒットを打った。

番号	言葉	類語	意味	関連
1213	非《ひ》凡《ぼん》	優秀《ゆうしゅう》	特に優《すぐ》れているさま。⇔平凡	超越《ちょうえつ》
1214	反骨	反権力・反権威《けんい》	権力や時勢に反抗《はんこう》する気概《きがい》。	反骨精神
1215	壮《そう》健《けん》	強健	体が健康で元気なこと。	頑丈《がんじょう》 丈夫
1216	勇《ゆう》猛《もう》	果敢《かかん》	強く勇ましいさま。	果敢→1208 勇猛果敢
1217	堅《けん》固《ご》	強固	丈夫《じょうぶ》であるさま。	頑丈《がんじょう》
1218	向学		学問に志すこと。	向学の念

用例 （　）に上の言葉のどれかを入れましょう。

- （　非凡　）な才能を見出《みいだ》されて作家デビューする。
- 攻撃《こうげき》よりも（　堅固　）な守りが売りのチームだ。
- （　向学　）心の強い少女は、科学者になった。
- 八十歳《さい》を超《こ》えても（　壮健　）で、毎朝の散歩を欠かさない。
- リング上では、（　勇猛　）に戦いたい。
- 決して権力に、屈《くつ》しない（　反骨　）の気持ちを持ち続けている。

□ 1219

凛《り》々《り》しい

類語 雄《お》々《お》しい

生き生きとして賢《かしこ》い。きりりとひきしまっていて**勇ましい**。

精悍《せいかん》

□ 1220

臆《おく》する

類語 ひるむ・たじろぐ

気後《きおく》れする。おじけづく。

おじけづく→493
ひるむ→604
たじろぐ→642

□ 1221

やましい

類語 後ろ暗い

うしろめたい。良心に恥《は》じることがある。

後ろ暗い→1231

□ 1222

心もとない

類語 心細い

頼《たよ》りなくて**不安だ**。じれったい。はっきりしない。

危なっかしい

□ 1223

物《もの》怖《お》じ

物事を**こわがる**こと。

小心
腰抜《こしぬ》け

□ 1224

いぶかる

類語 怪《あや》しむ

変だと思う。**不審《ふしん》に思う**。

疑《ぎ》心《しん》暗《あん》鬼《き》→926
勘《かん》ぐる

- 給料日まで財布《さいふ》の中身が（**心もとない**）。
- 五月人形は、（**凛々しい**）若武者の顔をしている。
- （**臆する**）ことなく、横綱《よこづな》の胸を借りる。
- あまりにすらすらと自供したので、かえって（**いぶから**）れた。
- 何も（**やましい**）気持ちはありません。
- 彼《かれ》の（**物怖じ**）しない態度は、自信に満ちていた。

番号	言葉	類語	意味	関連
1225	あえない	はかない	予想していたよりもろく、あっけない。期待外れで拍《ひょう》子《し》抜《ぬ》けする。	はかない→723
1226	もうろう		意識がぼんやりしてはっきりしないさま。	
1227	物《もの》憂《う》い	けだるい	なんとなくつらい。苦しい。気がふさぐ。おっくうである。	倦怠《けんたい》 アンニュイ
1228	野《や》暮《ぼ》	無粋《ぶすい》	あか抜《ぬ》けていないこと。人情の機微《きび》を解さないこと。また、そういう人。⇔いき・すい	野暮ったい
1229	有《う》頂《ちょう》天《てん》	得意絶頂	喜びで気分が舞《ま》い上がっていること。あることに熱中し他をかえりみないこと。	鼻高々
1230	色《いろ》好《よ》い		好ましい。望ましい。	

用例 （　）に上の言葉のどれかを入れましょう。

- 義理チョコなのに、もらって（有頂天）になるなんて。
- （色好い）お返事を待っております。
- 逃亡者《とうぼうしゃ》も（あえなく）捕《つか》まった。
- （野暮）な説教をせず、祝福してやろう。
- （物憂い）表情の女性が描《えが》かれている。
- 意識が（もうろう）としていて、何も覚えていない。

1231 後《うし》ろ暗《ぐら》い

類語 うしろめたい

内心**やましい**点がある。良心に恥《は》じる気持ちがある。

やましい→1221

1232 切望

類語 熱望

熱心に望むこと。たっての願い。

切なる望み

1233 万《ばん》感《かん》

一時に心に浮《う》かぶ**さまざまな感情**。

万感胸に迫《せま》る

1234 風格

類語 貫禄《かんろく》

独特の味わい。趣《おもむき》。その人の言動や態度に表れる品格。

1235 いじらしい

類語 けなげ

可憐《かれん》で痛々しい。

殊勝《しゅしょう》

1236 奥《おく》ゆかしい

類語 ゆかしい

上品で**慎《つつし》み深く**心がひかれる。

●優勝を重ねるごとに横綱《よこづな》の（ **風格** ）が出てくる。

●花を生ける姿を見て、（**奥ゆかしい**）女性だと思った。

●（ **切望** ）されて、次期の社長に昇格《しょうかく》する。

●何も（**後ろ暗い**）ことはしていないのだから堂々としていればよい。

●親のあとを追うヒナの姿は（**いじらしい**）。

●（ **万感** ）の思いで校歌を口ずさむ。

□ 1237
独善
意味：**自分だけが正しい**と考えること。
関連：独善的

□ 1238
不見識
意味：しっかりとした**判断力や意見を持っていない**こと。

□ 1239
もくろむ
意味：計画を巡《めぐ》らす。**企《くわだ》てる**。
関連：はかる

□ 1240
固《こ》執《しつ（しゅう）》
類語　執着《しゅうちゃく》
意味：意見や態度を**かたくなに守って簡単に変えない**こと。
関連：こだわり

□ 1241
ものものしい
類語　仰々《ぎょうぎょう》しい
意味：人を威圧《いあつ》するような感じで、**いかめしい**。厳重である。おおげさである。
関連：仰々しい↓582

□ 1242
釈《しゃく》然《ぜん》
類語　納得《なっとく》・得心
意味：恨《うら》みや疑いが消えて、**心が晴れ晴れとする**さま。
関連：納得↓516　腑《ふ》に落ちない

用例　（　）に上の言葉のどれかを入れましょう。

- 本人の実力ではなく学歴で判断するとは、なんと（　不見識　）なんだ。
- 大臣という立場に（　固執　）せずに考えたい。
- （ものものしい）行列が通った。
- 一体、何を（もくろん）でいるのかな。
- （　独善　）を排除《はいじょ》して公平に判断する。
- 謝罪の言葉を聞いても、いっこうに（　釈然　）としない。

□ 1243

うちひしがれる

ひどい衝撃《しょうげき》で**気力や意欲をなくす**。

落胆《らくたん》→635
意気消沈《いきしょうちん》

●若い頃《ころ》は勉強に（**いそしん**）だものだ。

□ 1244

いそしむ

類語 努める

精を出す。励《はげ》む。

精を出す→632

●大家の（**回顧**）展が開かれている。

□ 1245

うそぶく

類語 豪語《ごうご》する

とぼけた態度を取る。**大きなことを言う**。

大言壮語《たいげんそうご》→1560

●逮捕《たいほ》されて、ふてぶてしい態度で（**うそぶく**）。

□ 1246

おあつらえ向き

類語 絶好の

要求や条件などに**ぴったり合っている**こと。

うってつけ

●（**おあつらえ向き**）の風が吹《ふ》いてきた。

□ 1247

推《お》し量る

類語 推察する

知っていることから、他のことの見当をつける。**推測や推量**をする。

察する

●彼女《かのじょ》の胸の内を（**推し量る**）ことはできそうにない。

□ 1248

回顧《かいこ》

類語 回想

過去を**振《ふ》り返ってみる**こと。

回想→1196
顧《かえり》みる→1281
回顧録

●悲しみに（**うちひしがれる**）人々の映像が画面に映し出される。

	言葉	意味	関連
□ 1249	むごい 類語 痛ましい	見ていられないくらい悲惨《ひさん》だ。思いやりがない。薄情《はくじょう》である。	悲惨→559 凄惨《せいさん》な
□ 1250	弄《もてあそ》ぶ 類語 いじる・なぶる	人を慰《なぐさ》み者にする。思うままに操《あやつ》る。	まさぐる おもちゃにする
□ 1251	突《とっ》出《しゅつ》 類語 隆起《りゅうき》	他のものよりずば抜《ぬ》けていること。	隆起《りゅうき》→17
□ 1252	ゆゆしい 類語 重大な・深刻	放っておくと、とんでもない結果を引き起こすことになるさま。程度が甚《はなは》だしい。	深刻→731
□ 1253	軽《けい》妙《みょう》 類語 軽快	軽《かろ》やかでうまみのあるさま。	軽妙洒脱《しゃだつ》
□ 1254	体《てい》よく 類語 体裁よく	もっともらしくうわべをとりつくろうさま。	

用例 （　）に上の言葉のどれかを入れましょう。

- （むごい）事件に怒《いか》りを禁じ得ない。
- もし多くの人が法を犯《おか》しているのが事実ならば、（ゆゆしい）問題だ。
- 人の心を（弄ぶ）なんて許せない。
- 彼女《かのじょ》の売上額が（突出）している。
- それは、（体よく）断られたんだよ。
- 講演者の（軽妙）なスピーチに場が和《なご》む。

番号	語	類語	意味	関連
1255	洒《しゃ》脱《だつ》		俗《ぞく》っぽくなく、さっぱりしていること。あか抜《ぬ》けていること。	軽妙《けいみょう》洒脱
1256	赤面	顔から火が出る	恥《は》ずかしさで顔を赤くすること。恥《はじ》をかくこと。	顔から火が出る→811 赤面の至り
1257	難色	不承知	賛成できない態度。難しい顔つきやそぶり。	
1258	明暗		幸と不幸。喜ばしいことと困ったこと。	コントラスト
1259	顕《けん》著《ちょ》	卓抜《たくばつ》	際《きわ》立《だ》って目に付くさま。著《いちじる》しいさま。	
1260	猛《もう》省《せい》		激しく反省すること。	

- 今回の不祥事《ふしょうじ》に対しては、（ 猛省 ）を促《うなが》す。
- 憲法改正に（ 難色 ）を示す。
- 事故の被害者《ひがいしゃ》の（ 明暗 ）を分けた原因について調査する。
- 町中《まちなか》で名前を呼ばれ、思わず（ 赤面 ）する。
- 作家の（ 洒脱 ）なエッセーを楽しむ。
- 再生医療《いりょう》の発展は（ 顕著 ）である。

番号	言葉	類語	意味	関連
1261	先天的	生来の	**生まれつき**備わっているさま。⇔後天的	天性→464 天分→1197
1262	むげに	すげなく	考慮《こうりょ》すべき点がないように**冷淡《れいたん》に扱《あつか》う**さま。むやみに。	そっけなく
1263	いかがわしい	眉《まゆ》つば物	**怪《あや》しげだ**。疑わしい。	眉つば物→790 うさん臭《くさ》い→1301
1264	うかつ	うっかり	ぼんやりしていて**注意が行き届かない**こと。	軽率《けいそつ》→597
1265	かたじけない	恐《おそ》れ多い	もったいない。**ありがたい**。	恐れ多い→620
1266	斬《ざん》新《しん》		**発想が独特**で、それまでに全く類のないさま。	ユニーク 目新しい

用例 （　）に上の言葉のどれかを入れましょう。

- 彼女《かのじょ》は（先天的）に優《すぐ》れた音感を備えていた。
- ある歴史観を「（いかがわしい）物語」だと批判する人もいる。
- 雨の中を来てくれるとは（かたじけない）。
- （斬新）なデザインで人心を引き付ける。
- 最初に容疑者を取り逃《に》がしたのは（うかつ）だった。
- （むげに）断ると気の毒な気がする。

重要語
第1章
第2章
第3章
第4章
第5章
第6章
第7章

□ 1267
漠然《ばくぜん》
類語 曖昧《あいまい》
ぼんやりとしてはっきりしないさま。
曖昧→513
不確か

□ 1268
けげん
状況《じょうきょう》がわからず納得《なっとく》がいかないさま。
・いぶかしげ

□ 1269
緩慢《かんまん》
動作がゆっくりしていて、遅《おそ》いこと。処置などが手ぬるいこと。
ゆるやか

□ 1270
潜在《せんざい》
類語 伏在《ふくざい》・内在
表面にははっきりと現れないが、内部にひそかに存在すること。⇔顕在《けんざい》
潜在的
潜在意識

□ 1271
皆無《かいむ》
類語 絶無
何もないこと。全くないこと。

□ 1272
懇切《こんせつ》
類語 手取り足取り
とても親切なこと。
手取り足取り
→766
懇切丁寧

- チンパンジーに（ 潜在 ）する能力を調べる。
- 失敗は（ 皆無 ）だと豪語《ごうご》する。
- 医者は父の病状を（ 懇切 ）に説明をしてくれた。
- 幼な子の（ けげん ）そうな顔はかわいい。
- そんな（ 漠然 ）とした話では納得《なっとく》できない。
- 疲《つか》れからか動作が（ 緩慢 ）になる。

□ 1273 憂《ゆう》慮《りょ》

類語　懸念《けねん》・案じる・危惧《きぐ》

意味　心配し、不安に思うこと。

関連　案じる→590　危惧《きぐ》→484　懸《け》念《ねん》→628

□ 1274 卑《ひ》下《げ》

類語　謙遜《けんそん》

意味　自分を劣《おと》ったものとしていやしめること。へりくだること。

関連　謙遜《けんそん》→1166　自嘲《じちょう》

□ 1275 ねぎらう

類語　いたわる

意味　骨折りに感謝する。

関連　慰労《いろう》→390

□ 1276 不《ふ》憫《びん》

類語　同情

意味　かわいそうに思い、哀《あわ》れむこと。

□ 1277 高圧的

類語　威圧的《いあつてき》

意味　強力に相手を押《お》さえつけるさま。

関連　高飛車《たかびしゃ》→758　頭ごなし

□ 1278 さげすむ

類語　蔑視《べっし》する

意味　人を見下す。軽蔑する。

関連　侮蔑《ぶべつ》する

用例　（　）に上の言葉のどれかを入れましょう。

- あの人の境遇《きょうぐう》を聞けば聞くほど（　不憫　）だ。
- 人を（さげすむ）ことは、恥《は》ずべきことだ。
- 財政赤字は、（　憂慮　）すべき問題だ。
- 面接試験ではあまり自分を（　卑下　）してはならない。
- 部長の（　高圧的　）な言葉に部下が反発する。
- ゴールした選手をみんなで（ねぎらう）。

重要語 第1章 第2章 第3章 第4章 第5章 第6章 第7章

1279 おもんぱかる

類語 思慮《しりょ》・熟慮

思い巡《めぐ》らす。よくよく考える。

思慮分別

●知識を（ 貪欲 ）なまでに吸収する。

1280 かいがいしい

骨身を惜《お》しまず、てきぱきしているさま。

●財政事情を（おもんぱかり）、今年の祭りを中止する。

1281 顧《かえり》みる

類語 回顧《かいこ》する

過去のことを思う。回想する。ふりむく。心にかける。

回想→1196　回顧《かいこ》→1248　気にかける

●家族を（ 顧みる ）だけの心のゆとりが欲《ほ》しい。

1282 あでやか

類語 華《はな》やか

なまめかしく、上品で美しいさま。

●妻の（かいがいしい）看病で、病気が完治する。

1283 安堵《あんど》

安心すること。

人心地《ひとごこち》→757

●歌舞伎《かぶき》の衣装《いしょう》は色とりどりで、（あでやか）だ。

1284 貪欲《どんよく》

類語 欲張り

欲の深いこと。⇔無欲

貪《むさぼ》る→1305　強欲《ごうよく》

●地震《じしん》の揺《ゆ》れが治まり、（ 安堵 ）する。

1285 清《せい》廉《れん》
- 類語：廉潔
- 意味：心が清くて、私欲がないこと。
- 関連：無私→978　清廉潔白

1286 躍《やく》動《どう》
- 類語：律動
- 意味：生き生きとして勢いのあること。
- 関連：躍動美　リズミカル

1287 洗練
- 意味：磨《みが》きをかけて、より優《すぐ》れたものにすること。
- 関連：あかぬけた

1288 模《も》範《はん》
- 意味：見習うべき手本。規範。
- 関連：規範→175　模範演技　手本

1289 満《まん》喫《きつ》
- 類語：堪能《たんのう》
- 意味：満足するほど味わうこと。

1290 高《こう》尚《しょう》
- 類語：気高い
- 意味：上品で、程度の高いさま。⇔低俗《ていぞく》
- 関連：典雅《てんが》

用例　（　）に上の言葉のどれかを入れましょう。

- 芸術を愛する彼《かれ》は、絵画のコレクションという（　高尚　）な趣味《しゅみ》を持っている。
- 生徒の（　模範　）となるような人間でありたい。
- 体操選手の（　躍動　）感あふれる演技にみとれた。
- 官僚《かんりょう》の中にも（　清廉　）な人はいるものだ。
- 芥川《あくたがわ》賞作家の（　洗練　）された文章に感動する。
- 長崎《ながさき》で異国情緒《じょうちょ》を（　満喫　）する。

1291 魅《み》惑《わく》

類語 魅了《みりょう》・誘惑《ゆうわく》

魅力で**人を引きつけ、惑《まど》わす**こと。

誘惑→744
魅惑的

●（　姑息　）な手を使って勝利する。

1292 明朗

類語 陽気

うそやごまかしのないこと。**明るく朗《ほが》らか**なこと。

陽気→690
明朗快活

●（　明朗　）な会計で、売り上げが好調だ。

1293 横《おう》柄《へい》

類語 尊大

人を**見下した偉《えら》そう**な態度であること。

傲慢《ごうまん》→1299
傲然

●（　横柄　）な態度を取って、先輩《せんぱい》ににらまれる。

1294 醜《しゅう》態《たい》

類語 失態

みっともない様子。見苦しく恥《は》ずべきさま。

体《てい》たらく→586

●ラジオから流れる（　魅惑　）の調べにうっとりした。

1295 姑《こ》息《そく》

類語 卑怯《ひきょう》・卑劣《ひれつ》

一時の**間に合わせ**をすること。一時逃《のが》れ。

卑怯→532
卑劣→1308

●九十歳《さい》の老人にとって、六十歳はまだ（　青二才　）だ。

1296 青二才

類語 若造

年若く、経験に乏《とぼ》しい人。

若輩《じゃくはい》→1117

●人前で（　醜態　）をさらすのはごめんだ。

番号	言葉	類語	意味	関連
1297	嘲《あざけ》る	嘲笑《ちょうしょう》する	ばかにして笑う。見下げて悪口を言う。	嘲笑→1311 侮《あなど》る
1298	柔《にゅう》和《わ》	温厚《おんこう》・温和	やさしく穏《おだ》やかなさま。	温和→505 温厚→697 穏《おん》健
1299	傲《ごう》慢《まん》	高慢	思い上がり、人を見下した態度であること。	横柄→1293 傲慢無礼
1300	陰《いん》険《けん》	邪悪《じゃあく》	陰《かげ》でこっそり悪質なことをすること。	奸悪《かんあく》
1301	うさん臭《くさ》い	いかがわしい	どことなく疑わしい。なんとなく怪《あや》しい。	眉つば物→790 いかがわしい→1263
1302	疎《うと》ましい	いとわしい	遠ざけたい気がする。嫌《いや》な気がする。縁《えん》を絶ちたいと思う。	忌《い》まわしい→1001

用例 （　）に上の言葉のどれかを入れましょう。

- お堂の中で菩薩《ぼさつ》像の（柔和）な顔を拝む。
- （陰険）ないじめを根絶しなければならない。
- 親切も、時には（疎ましい）ものだ。
- （うさん臭い）男が近所をうろついている。
- 友人を（嘲る）とは、なんとも情けない。
- 先進国の（傲慢）が途上国《とじょうこく》を苦しめる。

□ 1303

惨《みじ》め

類語 悲惨《ひさん》

哀《あわ》れで情けないこと。

悲惨→559
凄惨《せいさん》

●空き巣狙《ねら》いは（造作なく）家に忍《しの》びこんだ。

□ 1304

堕《だ》落《らく》

類語 腐敗《ふはい》

生活や品行が乱れて悪い状態になること。身を持ち崩《くず》すこと。

自堕落

●過保護が子どもを（ 堕落 ）させる。

□ 1305

貪《むさぼ》る

満足することなく欲《ほ》しがる。

貪欲《どんよく》→1284
惰眠《だみん》を貪る

●（ 惨め ）な生活から脱出《だっしゅつ》できた。

□ 1306

造作ない

類語 たやすい

簡単だ。手間がかからない。易しい。

容易

●（ 排他的 ）経済水域では、二〇〇海里水域内での権限が認められている。

□ 1307

排《はい》他《た》的《てき》

仲間以外のものを排除するさま。

排除→317
排斥《はいせき》

●（ 卑劣 ）な無差別テロを許してはならない。

□ 1308

卑《ひ》劣《れつ》

類語 卑怯《ひきょう》・姑息《こそく》

品性や行動がいやしく、下劣なこと。

卑怯→532
姑息→1295

●暴利を（ 貪る ）悪徳業者を訴《うった》える。

番号	言葉	類語	意味	関連
□ 1309	まがい物	偽造品《ぎぞうひん》	にせもの。本物そっくりにつくられたもの。⇕本物	インチキ いかもの
□ 1310	まくし立てる		言いたいことを続けざまに言う。	言い募《つの》る
□ 1311	嘲《ちょう》笑《しょう》	冷笑	あざ笑うこと。相手を見下してばかにする笑い。	失笑→742 冷笑《れいしょう》→1202 嘲《あざけ》る→1297
□ 1312	たゆまず		油断せず、とだえることがなく。	
□ 1313	疎《うと》んじる	軽視する	嫌《きら》って遠ざける。軽くあしらう。	忌《い》む 嫌気《いやけ》
□ 1314	うらぶれた	みすぼらしい	落ちぶれて惨《みじ》めな様子。	うらさびしい

用例　（　）に上の言葉のどれかを入れましょう。

- 我《わ》が子を（疎んじる）親がいるとは信じがたい。
- （まくし立てる）漫才《まんざい》は、子どもに人気だ。
- （うらぶれた）シャッター商店街に、心を痛める。
- 他人を（　嘲笑　）する前に、自分自身を振《ふ》り返れ。
- （まがい物）を本物だと言って、高く売りつける。
- 優勝するために（たゆまず）努力する。

第５章　体の部分を含《ふく》む語句

1315　開《かい》眼《げん(がん)》

類語　入眼《じゅがん》

何かの折に学芸などの**こつを悟《さと》る**こと。

開眼供養《くよう》
大仏開眼

1316　面汚し《つらよごし》

類語　恥《はじ》さらし

その人の属している集団の**恥《はじ》**となること。面目《めんぼく》を失わせること。

不名誉《ふめいよ》

1317　寝首《ねくび》をかく

卑劣《ひれつ》な手段を用いて**人を陥《おとしい》れる**。「寝首を切る」は誤り。

1318　胸襟《きょうきん》を開く

心の中を**隠《かく》さず打ち明けて語る**。

胸三寸

1319　胸算用《むなざんよう》

類語　見積もり

事前に心の中で**ざっと計算する**こと。

1320　腹心

類語　右腕《みぎうで》

深く信頼《しんらい》すること。また、そのような人。

右腕 →852
懐刀《ふところがたな》

●一門の（**面汚し**）として都を追われた。

●（**腹心**）の部下を持つと、何より心強い。

●ショパンとの出会いによって、クラシック音楽に（**開眼**）する。

●来年度の休みを（**胸算用**）する。

●信頼《しんらい》していたマネージャーに（**寝首をかか**）れた。

●互《たが》いに（**胸襟を開い**）てじっくり話し合いましょう。

番号	言葉	類語	意味	関連
1321	尻《しり》をまくる	居直る	**急に強い態度に出たり**ふてぶてしい態度を取ったりする。	居直る→578 けんか腰《ごし》になる
1322	腰《こし》砕《くだ》け	中途半端《ちゅうとはんぱ》	物事が途中でだめになり、**あとが続かなくなる**こと。	竜頭《りゅうとう》蛇尾《だび》
1323	風《ふう》体《てい》	外見・風采《ふうさい》	人の**様子**や**身なり**。	
1324	骨身を惜《お》しまず	苦労をいとわず	苦労や面倒《めんどう》を**嫌《いや》がることなく**。怠《なま》けずに。	骨身を削《けず》る
1325	骨肉		血筋のつながっている人。親子や兄弟、**肉親**。	骨肉相食《あいは》む
1326	身を挺《てい》する	身を投げ出す	**自分の身を犠牲《ぎせい》にする覚悟《かくご》**で物事を行う。	身を投じる

用例　（　）に上の言葉のどれかを入れましょう。

- 今は（**骨身を惜しまず**）努力するときだ。
- あの人のすることはいつも（**腰砕け**）で信用できない。
- レスキュー隊員が（**身を挺し**）て守ってくれた。
- いかにも怪《あや》しげな（**風体**）の男がやってきた。
- （**骨肉**）の争いは避《さ》けたいものだ。
- （**尻をまくっ**）てふてくされる態度が気に入らない。

□ 1327 角を矯《た》めて牛を殺す

少しのの欠点を直そうとして、かえって**そのもの自体をだめにする**。

枝をたわめて花を散らす

□ 1328 玉石混交《ぎょくせきこんこう》（淆）

類語 ピンからキリまで

すぐれたものと劣《おと》ったものとが**入り混じっている**こと。「玉石混合」は誤り。

□ 1329 初志貫徹《しょしかんてつ》

貫《つらぬ》きとおすこと。また、最後までやり抜《ぬ》くこと。

終始一貫
首尾《しゅび》一貫

□ 1330 朝三暮四《ちょうさんぼし》

うまい言葉で人を**だます**こと。

巧言令色《こうげんれいしょく》→1556
一杯《いっぱい》食わせる

□ 1331 針小棒大

類語 誇大《こだい》表現

物事を**大げさ**に**誇張**して言うこと。

誇張→1168

□ 1332 傍若無人《ぼうじゃくぶじん》

人前をはばからず**勝手に振《ふ》る舞《ま》う**こと。

好き放題
野放図

- あの人の話は（**針小棒大**）だから気を付けたい。
- 彼《かれ》の（**傍若無人**）な振《ふ》る舞《ま》いは見過ごせない。
- 彼女《かのじょ》は（**初志貫徹**）して、弁護士になった。
- 草野球チームは（**玉石混交**）だ。
- （**角を矯めて牛を殺す**）ようなを指導にならないよう気をつける。
- うまい話というのは（**朝三暮四**）のことがあるから気をつけよう。

1333
言葉 切磋琢磨《せっさたくま》

類語 努力精進《どりょくしょうじん》

意味 学問などに励《はげ》むこと。また、仲間同士**努力をし合って人格を磨《みが》く**こと。

関連 精進《しょうじん》→973

1334
言葉 五里霧中《ごりむちゅう》

意味 **どうしたらよいかわからなくなる**こと。「五里夢中」は誤り。

関連 暗中模索《あんちゅうもさく》→1339　やみくも

1335
言葉 一触即発《いっしょくそくはつ》

意味 ちょっとしたきっかけで大事件に発展しそうな**危険に直面している**さま。

関連 危機一髪《ききいっぱつ》

1336
言葉 千載一遇《せんざいいちぐう》

意味 千年に一度巡《めぐ》り合うほどの、**またとない機会**。絶好の機会。

1337
言葉 栄枯盛衰《えいこせいすい》

意味 人や家、国家などの勢いにも、**盛《さか》んなときと衰《おとろ》えるときのある**こと。

関連 盛者必衰《じょうしゃひっすい》

1338
言葉 取捨選択《しゅしゃせんたく》

意味 悪いもの、不必要なものを捨てて、良いもの、必要なものを**選び取る**こと。

関連 セレクト

用例 （ ）に上の言葉のどれかを入れましょう。

- 情報化社会では、情報を（**取捨選択**）する力が必要だ。
- 人の世の（**栄枯盛衰**）は、今に始まったものではない。
- 互《たが》いに（**切磋琢磨**）して技術を向上させる。
- 今のところ事件の捜査《そうさ》は（**五里霧中**）という状態である。
- 今こそ世界制覇《せいは》の（**千載一遇**）のチャンスだ。
- 中東地域は（**一触即発**）の状況《じょうきょう》が続いている。

□ 1339
暗中模索《あんちゅうもさく》
手がかりがないまま、いろいろやってみること。
五里霧中《ごりむちゅう》→1334
やみくも

□ 1340
因果応報
善い行いをすれば善い報《むく》いがあり、悪い行いをすれば悪い報いがあること。
自業自得《じごうじとく》

□ 1341
海千山千
さまざまな経験を積み、世間の表裏を知り尽《つ》くしてずる賢《がしこ》いこと。
こざかしい→526
したたか

□ 1342
平身低頭
体をかがめ、頭を低く下げて恐《おそ》れ入ること。ひたすら謝《あやま》ること。⇔傲岸不遜《ごうがんふそん》
低姿勢
土下座《どげざ》

□ 1343
東奔西走《とうほんせいそう》
あちこち忙《いそが》しく駆《か》け回ること。
南船北馬
てんてこ舞《ま》い

□ 1344
大義名分
何か事をするにあたっての根拠《こんきょ》。「大義名文」は誤り。
名目

●社員の不始末に社長はただただ（平身低頭）して謝罪した。
●計画はいまだ（暗中模索）の段階だ。
●（因果応報）の理《ことわり》を思い知る事件が起きた。
●経済再生という（大義名分）で改革が進められる。
●（海千山千）のしたたか者たちを一つにまとめるのはたいへんだ。
●資金を調達するために（東奔西走）する。

第７章 その他

1345 あたかも
- 類語：さながら
- 意味：**まるで**。ちょうどその時。まさに。
- 関連：まさしく

1346 辛《から》くも
- 類語：かろうじて
- 意味：どうにか困難な状況《じょうきょう》から逃《のが》れるさま。**やっとのことで**。
- 関連：すんでのところ

1347 ともあれ
- 意味：どうであろうと。**ともかく**。それはそれとして。
- 関連：何はともあれ

1348 余《よ》儀《ぎ》ない
- 類語：是《ぜ》非《ひ》もない
- 意味：他に方法がなく、**そうせざるを得ない**。
- 関連：是非もない→1353　よんどころない→1370

1349 あながち
- 類語：一概《いちがい》には
- 意味：一方的に決めつけられないさま。**必ずしも**。下に打ち消しを伴《ともな》う。

1350 しげしげと
- 類語：しきりに
- 意味：**つくづく**。たびたび。
- 関連：凝視《ぎょうし》→540　注視《ちゅうし》→1126

用例
（　）に上の言葉のどれかを入れましょう。

- 彼《かれ》の説明も（あながち）うそとも思えない。
- 近寄って仏像を（しげしげと）拝観する。
- 成績は（ともあれ）、合格できてよかった。
- 周辺住民は避難《ひなん》を（余儀なく）された。
- （あたかも）時間が止まったかのようだった。
- （辛くも）対キューバ戦に勝利した。

☐ 1351

是《ぜ》が非でも

類語 何が何でも

善悪にかかわらず。何としても。どうしても。

是非とも

☐ 1352

とうに

類語 とっくに

ずっと前に。

☐ 1353

是《ぜ》非《ひ》もない

類語 余《よ》儀《ぎ》ない

仕方がない。やむを得ない。

余《よ》儀《ぎ》ない→1348

よんどころない→1370

☐ 1354

悠《ゆう》久《きゅう》

類語 永遠・永久

果てしなく長く続いていること。

☐ 1355

光《こう》陰《いん》

月日、年月、時間。

一寸の光陰軽《かろ》んずべからず

☐ 1356

ややもすれば

類語 得てして

物事がとかくそうなりがちであるさま。

得てして→1371

ともすると

●インダス川が、（ 悠久 ）の時を刻んでゆったり流れる。

●（ややもすれば）、航空機の発着は遅《おく》れがちだ。

●店は（ とうに ）別の人の手に渡《わた》っている。

●（是が非でも）この試合で決着をつけたい。

●あっと言う間に三月で、本当に（ 光陰 ）矢のごとしだ。

●サービス残業に不満を持つのは（是非もない）。

□ 1357

言葉 買いかぶる

類語 過大評価する

意味 人を実際以上に高く評価したり、信用したりする。

関連

□ 1358

言葉 余生

類語 余命

意味 社会で活動する時期を終えたあとの人生。

関連 余命→88　隠居《いんきょ》→403　晩年→1365

□ 1359

言葉 こぞって

意味 残らずみんな。ひとり残らず。

関連 軒並《のきな》み→957

□ 1360

言葉 生かじり

類語 聞きかじり・生半可

意味 知識が中途半端《ちゅうとはんぱ》で、本質を十分に理解していないこと。

関連 生半可→671　半可通

□ 1361

言葉 宵《よい》の口

類語 黄昏《たそがれ》

意味 日が暮れて間もない頃《ころ》。

関連

□ 1362

言葉 弱《じゃっ》冠《かん》

類語 若年《じゃくねん》

意味 年が若いこと。男子の二十《はた》歳《ち》のこと。

関連 若齢《じゃくれい》

用例 （　）に上の言葉のどれかを入れましょう。

- 住民は（こぞって）投票に参加する。
- （生かじり）の知識ではこの仕事はやっていけない。
- まだ（　宵の口　）だと言って、父は出かけた。
- 盆栽《ぼんさい》を育てて（　余生　）を楽しむ。
- 部下を（買いかぶっ）てとんだ目にあった。
- （　弱冠　）二十《はた》歳《ち》の若者の活《かつ》躍《やく》が味方を勇気づけた。

1363	1364	1365	1366	1367	1368
順当	再三	晩年	あらかた	出《しゅっ》処《しょ》	たって
類語 妥当《だとう》	類語 何度も	類語 老後	類語 おおかた	類語 出どころ	類語 是非《ぜひ》
そうあるべきこと。当然なこと。	たびたび。しばしば。二度も三度も。	一生の終わりの頃《ころ》の時期。	ほぼ全部。だいたい。	物事が出てきたところ。	どうしても。強《し》いて。切に。
想定どおり	再三再四	余命→88 余生→1358	大部分		

●（ 再三 ）に渡《わた》って注意を促《うなが》したが、まったく聞く耳を持たない。

●彼《かれ》の（ 晩年 ）は決して幸せとは言えないものだった。

●親の（ たって ）の願いにより帰省する。

●本日の予定は（あらかた）終了《しゅうりょう》です。

●（ 出処 ）の不明なうわさ。

●優勝候補のチームが、（ 順当 ）に勝ち上がってくる。

	言葉	類語	意味	関連
1369	つぶさに		細かで詳《くわ》しいさま。ことごとく。残らず。	詳細《しょうさい》に
1370	よんどころない	やむを得ない	なんとも仕方がない。	余儀《よぎ》ない→1348 是非《ぜひ》もない→1353
1371	得てして	ややもすれば	ある傾向《けいこう》になりがちであるさま。	ややもすれば→1356 とかく
1372	生え抜《ぬ》き	生粋《きっすい》	団体や組織などに初めから所属している者。	
1373	おしなべて	概《がい》して	普通《ふつう》であるさま。世間並み。おおむね。総じて。	一般的《いっぱんてき》に
1374	たちどころに		すぐに。たちまち。	即座《そくざ》に 即時に 時を移さず

用例 （　）に上の言葉のどれかを入れましょう。

- 被爆《ひばく》体験を（つぶさに）語れる人は少なくなった。
- 彼《かれ》はこの会社の（生え抜き）の社員だ。
- （よんどころない）事情のため休校となる。
- （おしなべて）、今年はどの作物も出来がよい。
- 父の姿を発見し、（たちどころに）不安は消えた。
- 歴史家は（得てして）事実の客観性にこだわり過ぎる。

1375	1376	1377	1378	1379	1380
やおら	いたずらに	夜もすがら	ことさら	とりもなおさず	くまなく
類語 おもむろに		類語 終夜	類語 わざわざ		類語 すべて・根こそぎ
ゆっくり。	無駄《むだ》に。むなしく。	夜通し。一晩中。⇔ひねもす	故意にそうするさま。わざと。とりわけ。中でも。	すなわち。言いかえると。そのまま。	あますところがなく。隅《すみ》から隅まで。
	無為《むい》に	終夜運転 徹夜《てつや》	あえて		根こそぎ→888 もれなく

● 名月を鑑賞《かんしょう》しながら、（夜もすがら）歩き回る。

● （くまなく）探したが、証拠《しょうこ》は見つからない。

● （ことさら）に貧乏《びんぼう》を強調するなんて怪《あや》しいね。

● （いたずらに）事を大きくしてはならない。

● 祖父が（ やおら ）重い腰《こし》を上げて出かけた。

● 解散ということは、（とりもなおさず）総選挙ということだ。

番号	言葉	意味	関連
1381	利水	水をうまく流通させること。**水をうまく利用する**こと。	利水事業
1382	揮《き》発《はつ》	常温で、液体が**気体に変わる**こと。	揮発油（＝ガソリン）
1383	酷《こっ》寒《かん》（類語：極寒《ごっかん》）	**厳しい寒さ**。⇔酷暑《こくしょ》	
1384	透《とう》析《せき》	一部の成分のみを通す膜《まく》を使って、**不純物を取り除く**こと。	透析療法《りょうほう》、人工透析
1385	益鳥	人間の生活に直接的または間接的に**役立つ鳥**。⇔害鳥	
1386	藻《そう》類《るい》	**水中で生育する下等植物**を指す総称《そうしょう》。藻《も》。	

用例　（　）に上の言葉のどれかを入れましょう。

- ウミガメには（　藻類　）を餌《えさ》とするものもいる。
- （　揮発　）性の物質なので、しっかりと、ふたを締《し》めてください。
- 理科室で（　透析　）の実験をする。
- 農作物に害を及《およ》ぼす虫を食べてくれる鳥は（　益鳥　）だ。
- 昔から（　利水　）は都市設計の課題であった。
- 北海道の網走《あばしり》は、（　酷寒　）の地だ。

1387 種苗《しゅびょう》

植物の**種**と**苗**《なえ》。漁業で養殖《ようしょく》用《よう》の**稚魚**《ちぎょ》**や卵**。

胞子《ほうし》→38
種苗放流
繁殖《はんしょく》

1388 ヒトゲノム

ヒトの**遺伝情報**の全体。

遺伝子→4
バイオテクノロジー→75

1389 慈雨《じう》

ほどよく地面や木々を**潤**《うるお》**して育てる雨**。

乾期《かんき》→20
お湿《しめ》り
恩恵《おんけい》→119

1390 薪炭《しんたん》

薪《まき》と**炭**《すみ》。燃料一般《いっぱん》。

1391 明星

金星の異称《いしょう》。（比喩的《ひゆてき》に）その分野で光彩《こうさい》を放っている人。スター。

明けの明星

1392 秘境

人がほとんど足を踏《ふ》**み入れたことがなく**、様子がよく知られていない土地。

人跡未踏《じんせきみとう》

- 日照りが続くと、（慈雨）が待たれる。
- 電化により、（薪炭）の需《じゅ》要《よう》は減少した。
- 夕暮《ゆうぐ》れから西の夜空に光る金星は、宵《よい》の（明星）と呼ばれる。
- （種苗）店でチューリップの球根を買う。
- 北海道の（秘境）でクマに出会った。
- （ヒトゲノム）の解析《かいせき》が進むと、医学に大きな影響《えいきょう》を与える。

□ 1393 避雷針《ひらいしん》

言葉：避雷針《ひらいしん》

類語　避雷柱

意味：落雷被害《ひがい》を防ぐために屋根などにつける構造物。

関連：稲光《いなびかり》→12　雷鳴《らいめい》→34

□ 1394 路傍《ろぼう》

言葉：路傍《ろぼう》

類語　路辺

意味：道のかたわら。みちばた。

関連：山本有三《やまもとゆうぞう》『路傍の石』　路傍の人

□ 1395 風致《ふうち》

言葉：風致《ふうち》

類語　風趣・景趣

意味：景色の持つおもむきや味わい。

関連：風致地区　風致林

□ 1396 採光

言葉：採光

意味：室内に光を採り入れること。

関連：日照権

□ 1397 幽谷《ゆうこく》

言葉：幽谷《ゆうこく》

意味：山深くにある静かな谷。

関連：深山幽谷

□ 1398 暮色《ぼしょく》

言葉：暮色《ぼしょく》

意味：夕方の薄暗《うすぐら》い色。夕暮れの景色。

関連：暮色が迫《せま》る

用例　（　）に上の言葉のどれかを入れましょう。

- 散歩の途中《とちゅう》、（ 路傍 ）の花に目をとめる。
- 街を挙げて、（ 風致 ）の維《い》持《じ》に努める。
- カーテンで（ 採光 ）を調節する。
- （ 暮色 ）がたれこめるパリの町角でお茶を飲む。
- 寺の本殿《ほんでん》に（ 避雷針 ）は不可欠だ。
- （ 幽谷 ）にひっそりと咲《さ》く花。

第2章 文化・哲学・宗教

番号	語	類語	意味	関連	例文
□ 1399	名《みょう》跡《せき》	家督《かとく》	跡《あと》を継《つ》ぐべき家名。		●（ 久遠 ）に輝《かがや》き続ける星たち。
□ 1400	回《え》向《こう》	弔《とむら》い	死者の冥福《めいふく》を祈《いの》って供養《くよう》をすること。	供養 ↓ 117	●亡くなった人を（ 回向 ）する。
□ 1401	久《く》遠《おん》	永久	永遠。遠い昔。時間が無限であること。		●人間の（ 罪業 ）の深さに胸が痛む。
□ 1402	戒《かい》律《りつ》	教訓・教え	人が守るべき宗教上のおきて。	規律	●あの名家の（ 名跡 ）を継ぐ人はすでに決まっている。
□ 1403	罪《ざい》業《ごう》	罪悪	罪を受ける原因になるような悪い行い。	罪科	●（ 雲水 ）の姿は、京都でもあまり見かけなくなった。
□ 1404	雲水	修行僧《しゅぎょうそう》・行脚僧《あんぎゃそう》	修行で諸国を巡《めぐ》る僧。		●（ 戒律 ）の厳しい宗教。

番号	言葉	意味	関連
1405	紀伝体	個人の伝記を中心とした歴史の記述様式。	列伝体 編年体→1415
1406	謡《よう》曲《きょく》 類語 謡《うたい》	能の詞章をうたう芸事。	地謡《じうたい》
1407	碑《ひ》文《ぶん》 類語 碑《ひ》銘《めい》	石碑に刻みつけた文章。	碑文の拓本《たくほん》
1408	発《ほっ》願《がん》 類語 立願・祈願《きがん》	神仏に自らの願いの実現を祈《いの》ること。	発願文 願かけ
1409	畜《ちく》生《しょう》 類語 けだもの	鳥獣虫魚《ちょうじゅうちゅうぎょ》の総称。また、人をののしって言う語。	犬畜生
1410	霊《れい》験《げん》	神仏のご利益《りやく》。	霊験記

用例 （　）に上の言葉のどれかを入れましょう。

- （ 畜生 ）道は、仏教の考え方の一つだ。
- （ 謡曲 ）を趣味《しゅみ》とする人が減っている。
- （ 発願 ）の理由は自分でもわからない。
- あのご本尊《ほんぞん》は（ 霊験 ）あらたかである。
- 司馬遷《しばせん》の『史記《しき》』は（ 紀伝体 ）で書かれている。
- 芭蕉《ばしょう》の句の（ 碑文 ）は、たくさん残されている。

□ 1411
受難
苦難や**災難に遭《あ》う**こと。
暗礁《あんしょう》→7
難局→219
受難曲

□ 1412
昇《しょう》天《てん》
類語 逝去《せいきょ》
天に昇《のぼ》ること。人が死ぬこと。
昇天日

□ 1413
墳《ふん》墓《ぼ》
類語 塚《つか》
墓。
霊廟《れいびょう》→1421

□ 1414
服《ふく》喪《も》
類語 忌服《きぶく》
喪に服すること。近親者の死後に一定期間、身を慎《つつし》むこと。
喪服

□ 1415
編年体
起こった出来事を**年代順に記述する**歴史の記述様式。
列伝体
紀伝体→1405

□ 1416
離《り》宮《きゅう》
皇居や王宮の、**別に建てられた宮殿《きゅうでん》**。
御用邸《ごようてい》

- 古墳は、王や豪族《ごうぞく》の（ 墳墓 ）である。
- 桂《かつら》（ 離宮 ）ならびに修学院（ 離宮 ）は京都の名所だ。
- 歴史書は、（ 編年体 ）で書かれたものが多い。
- 民衆の（ 受難 ）は見過ごせない。
- 愛犬が十八歳《さい》で（ 昇天 ）した。
- まだ、（ 服喪 ）期間中のため、出席は控《ひか》えさせていただきます。

番号	言葉	類語	意味	関連
1417	慶弔《けいちょう》	冠婚葬祭《かんこんそうさい》	結婚や出産などの**祝い事**と葬式《そうしき》などの**とむらい事**。	禍福《かふく》
1418	托鉢《たくはつ》		修行僧《しゅぎょうそう》が、鉢《はち》を持って経文を唱えながら各家を回り、**米や金銭などの施《ほどこ》しを受ける**こと。	托鉢僧 托鉢行
1419	氏神《うじがみ》		氏族が**祖先**としてまつる神。	鎮守神《ちんじゅかみ》 守護神
1420	日参	日参り	寺院や神社に**毎日お参りする**こと。頼《たの》み事などのために毎日訪れること。	
1421	霊廟《れいびょう》		みたまや。**人の霊**をまつってある建物。	墳墓《ふんぼ》→1413
1422	詩吟《しぎん》	吟詠《ぎんえい》	漢詩に節をつけて**吟《ぎん》ずる**こと。	

用例 （ ）に上の言葉のどれかを入れましょう。

- 元旦《がんたん》に（ 氏神 ）様にお参りする。
- 伯母《おば》は（ 詩吟 ）の師範代《しはんだい》だ。
- 偉人《いじん》のまつられている（ 霊廟 ）を訪れる。
- お坊《ぼう》さんが、（ 托鉢 ）をして回る。
- （ 慶弔 ）休暇《きゅうか》をとる。
- （ 日参 ）して誠意を見せたために、失敗を許してもらえた。

第3章 政治・経済・社会

1423 趨勢《すうせい》

類語 動向

成り行き。物事がこれから先どうなってゆくかという様子。

動向→263
潮流→1110
大勢《たいせい》

●時代の（趨勢）に敏感《びんかん》な人が成功する。

1424 ワークシェアリング

失業者の増加を防ぐため、一人当たりの労働時間を減らすことで、仕事を多くの人に分けること。

●雇用《こよう》不安への対策として、ヨーロッパでは（ワークシェアリング）が行われている。

1425 婚家《こんか》

嫁入《よめい》りまたは婿入《むこい》りした先の家。⇔実家

●（婚家）の両親に気に入られる。

1426 吹聴《ふいちょう》

類語 触《ふ》れ回る

多くの人に言いふらすこと。

●うわさを（吹聴）して回るのはよせ。

1427 酌量《しゃくりょう》

類語 斟酌《しんしゃく》・容赦《ようしゃ》

決定、処分などに当たって、事情をくみとって、同情ある扱《あつか》い方をすること。

容赦→561
情状酌量

●犯人に（酌量）の余地が残されている。

1428 御破算《ごはさん》

類語 清算

進めてきたことを白紙の状態に戻《もど》すこと。計算を新しくすること。

清算→296
御破算で願いましては…

●会社の合併話《がっぺいばなし》が（御破算）になった。

番号	言葉	類語	意味	関連
1429	メディアリテラシー		メディアを利用する技術や、伝えられた内容を分析《ぶんせき》する能力。	
1430	癒《ゆ》着《ちゃく》	接着・密着	くっつくこと。深く結びつくこと。	付着 接合
1431	諾《だく》否《ひ》	可否	承知と不承知。	
1432	答申	答弁	上位の官庁や役職からの問い合わせに意見を申し述べること。⇔諮問《しもん》	諮問《しもん》→1150 具申→1474 進言
1433	衰《すい》運《うん》		衰《おとろ》え亡《ほろ》びてゆく運命。⇔盛運	
1434	問責	追及《ついきゅう》	責任を問い詰《つ》めること。	追及→356

用例　（　）に上の言葉のどれかを入れましょう。

- 独裁政権はいずれ（衰運）をたどることになる。
- 転勤の（諾否）は即答《そくとう》できない。
- 首相の（問責）決議案が提出される。
- 委員会の（答申）について、検討する。
- 情報化社会では、子どもたちに（メディアリテラシー）教育が必要だ。
- 政界と財界の（癒着）をあばく。

□ 1435

重《じゅう》鎮《ちん》

類語 要人

その分野での**中心人物**。

□ 1436

ポピュリズム

政治指導者が**大衆に迎合《げいごう》**し操作することによって権力を維《い》持《じ》する方法。大衆迎合主義。

ポピュリスト

□ 1437

EU

ヨーロッパ連合。欧州《おうしゅう》連合。

EC（＝ヨーロッパ共同体）

□ 1438

IT

情報通信技術。コンピュータやデータ通信に関する技術の総称《そうしょう》。

□ 1439

NGO

非政府組織。非営利の民間国際協力組織。

□ 1440

NPO

非営利の民間組織。

NPO法人

● 彼《かれ》は音楽業界の（ **重鎮** ）だ。

● （ **NGO** ）は、海外を活動領域とする組織だ。

● （**ポピュリズム**）に国民が踊《おど》らされてはいけない。

● 一九九九年に（ **EU** ）の単一通貨としてユーロが導入された。

● （ **NPO** ）は、市民自らが「公共性」の担《にな》い手として活動する場だ。

● （ **IT** ）関連の企《き》業《ぎょう》が、インド経済を支え始めている。

	言葉	類語	意味	関連
1441	隷《れい》属《ぞく》	従属	つき従い言いなりになること。手下。部下。	隷属的立場
1442	国花		その国民に最も愛好され、その国の象徴《しょうちょう》とされる花。	国歌 国技 国旗
1443	覇《は》権《けん》	主導権	覇者としての権力。	国権
1444	乱脈	無秩序《むちつじょ》・雑然	秩序《ちつじょ》や規則が守られないさま。	乱脈経理
1445	藩《はん》主《しゅ》	藩侯《はんこう》	藩の領主。	大名
1446	枢《すう》軸《じく》	中軸	物事の中心となる重要な部分。	枢軸国

用例　（　）に上の言葉のどれかを入れましょう。

- ワンマン社長の（　乱脈　）経営で会社が傾《かたむ》く。
- 東京は日本の（　枢軸　）都市だ。
- 日本の（　国花　）は桜だ。
- 子会社は、親会社に（　隷属　）せざるをえない。
- （　藩主　）に従って江戸《えど》に向かう。
- 国際政治における（　覇権　）国家は、世界の平和を目指すべきだ。

□ 1447
腹案
類語 原案・試案
心に持っている考えやくわだて。前もって用意した案。
たたき台

□ 1448
ワーキングプア
就労はしているが、生活保護の水準以下の収入しか得られないような社会層。
低賃金

□ 1449
累《るい》進《しん》
数の増加とともにそれに対する割合が増えること。
税の累進制

□ 1450
触《ふ》れ込《こ》み
類語 広告
前宣伝。前もって言いふらすこと。

□ 1451
先鞭《せんべん》をつける
類語 前例・先達
他よりも先に物事に着手する。

□ 1452
免《めん》責《せき》
類語 赦免《しゃめん》
責任を免《まぬが》れること。
赦免 → 1103
免責事由

● (ワーキングプア) と呼ばれる不安定な非正規社員の増加は問題だ。
● 経済再生の(腹案)を練る。
● 省エネ対策という(触れ込み)で、新商品が発売された。
● (累進)課税とは、高収入の者ほど高い税を課せられる制度だ。
● (先鞭をつけ)た先輩《せんぱい》のおかげで、今の名声がある。
● 正当な理由のない(免責)は、認められない。

番号	言葉	意味	関連
1453	贈《ぞう》賄《わい》	**賄賂《わいろ》を贈《おく》る**こと。⇔収賄	
1454	大任 類語 大役	**重大な任務**。	
1455	謁《えっ》見《けん》 類語 拝謁《はいえつ》・お目通り	**身分の高い人**にお目にかかること。	お目見え
1456	市《し》井《せい》 類語 ちまた	人家の集まっている場所。**まち**。	
1457	バーチャル・リアリティー 類語 仮想現実	コンピュータなどがつくる仮想的な環境《かんきょう》で受ける、さまざまな感覚の**擬似的《ぎじてき》体験**。	人工現実感
1458	聴《ちょう》聞《もん》 類語 ヒアリング・聴取	説教や**演説、意見などをきく**こと。	

用例 （　）に上の言葉のどれかを入れましょう。

- 国王夫妻に（　謁見　）する。
- 国会での（　聴聞　）会に出席を促《うなが》される。
- （　市井　）の人の声に耳を傾《かたむ》ける。
- （　大任　）を命じられて、緊《きん》張《ちょう》する。
- （バーチャル・リアリティー）の世界にどっぷりと浸《ひた》る生活はむなしい。
- 選挙をめぐる（　贈賄　）が発覚した。

□ 1459
無業者
類語 失業者
収入を得るための定職を持っていない人。ニート。

□ 1460
落成式
類語 竣工式《しゅんこうしき》
工事が完成したことを祝う式。

□ 1461
門外漢
類語 素人《しろうと》
その道の専門家でない人。
疎《うと》い→595
畑違《はたけちが》い

□ 1462
遊軍
類語 遊撃隊《ゆうげきたい》
特定の所属や任務がなく、待機している人。

□ 1463
占《せん》有《ゆう》
類語 独占・占拠《せんきょ》
ひとり占《じ》めして所有すること。
占領

□ 1464
踏《とう》襲《しゅう》
類語 承継《しょうけい》
先人のやり方や説をそのまま受け継《つ》ぐこと。
口《く》伝《でん》→161

- 学校に行かず就職もしていない（ 無業者 ）の増加が問題になっている。
- 前任者のやり方を（ 踏襲 ）する。
- （ 遊軍 ）記者の活躍《かつやく》で、その新聞社だけが特種《とくだね》をつかんだ。
- 新校舎の（ 落成式 ）に市長を招く。
- （ 門外漢 ）の私にも、新技術のすばらしさはわかる。
- 公園の遊具を（ 占有 ）して遊んではいけない。

番号	言葉	意味	関連
1465	砂上の楼閣《ろうかく》	実現や永続が不可能な計画のたとえ。「楼閣」は高層の立派な建物。	机上《きじょう》の空論→880 絵に描《か》いた餅《もち》→891
1466	立つ瀬《せ》	面目。立場。下に打ち消しを伴《ともな》う。	
1467	内助の功	表立たない、内側での功績。妻の功績。	縁《えん》の下の力持ち
1468	互《ご》選《せん》	構成員の中から互《たが》いに選挙して選ぶこと。	
1469	寵《ちょう》児《じ》	時流に乗って、世の中でもてはやされている人。	申し子
1470	督《とく》促《そく》 類語 催促《さいそく》	促《うなが》すこと。せきたてること。	督励《とくれい》

用例　（　）に上の言葉のどれかを入れましょう。

- そう言われてしまうと私の（立つ瀬）がありません。
- （内助の功）の大きさも、彼《かれ》の大記録達成を支えた要因の一つだ。
- 次の会長は、（互選）することになった。
- 理論ばかりの計画では、（砂上の楼閣）となりかねない。
- 料金を滞納《たいのう》していたため、（督促）状が届いた。
- あの選手は時代の（寵児）だ。

□ 1471

推挙

類語 推薦《すいせん》

ある地位や役職に就《つ》けるように、上の人に**勧《すす》める**こと。

推薦→209
ノミネート

□ 1472

漏《ろう》洩《えい》

秘密などが漏《も》れること、漏らすこと。

□ 1473

瓦《が》解《かい》

類語 崩壊《ほうかい》

一部の崩《くず》れから、組織や秩《ちつ》序《じょ》あるもの全体が**崩れてしまう**こと。

崩壊→185

□ 1474

具申

類語 建議・献策《けんさく》

上役や上級機関に**計画や意見などを詳《くわ》しく申し述べる**こと。

進言
答申→1432

□ 1475

陪《ばい》審《しん》

国民の中から選ばれた一般《いっぱん》の人々が、**裁判の審理《しんり》**を担《にな》うこと。

陪審員
参審制度

□ 1476

名《みょう》代《だい》

類語 代理

ある人の**代わりを務める**こと。また、その人。

- 一つのミスの発覚から、プロジェクト全体の（ 瓦解 ）が始まる。
- （ 陪審 ）制度は日本にはないが、裁判員制度が似ている。
- 彼女《かのじょ》をリーダーに（ 推挙 ）する。
- 機密情報が（ 漏洩 ）した。
- 父親の（ 名代 ）で、私が親《しん》戚《せき》の法事に列席した。
- 部長に対策案を（ 具申 ）する。

用例 （　）に上の言葉のどれかを入れましょう。

1477 含《がん》蓄《ちく》

類語 含《ふく》み

意味 表現が、内に深い意味を含み持つこと。

関連 含有→76　含み→427

用例 ●この場面はきっとミステリーの（伏線）だ。

1478 伏《ふく》線《せん》

類語 布石

意味 あとの物事の準備として、前もってひそかに設けておくこと。

関連 伏線を張る　伏線を敷《し》く

用例 ●つまるところ、私たちの議論は始まりに（回帰）しているのではないのか。

1479 うがつ

意味 物事の本性などを言い当てる。穴を空ける。

用例 ●彼《かれ》の話は（ウイット）に富んでいる。

1480 回帰

意味 一周して元へ戻《もど》ること。

関連 循環《じゅんかん》→41　還元《かんげん》→45　帰巣《きそう》

用例 ●一つの商談に（かこつけ）て、別の商談を持ち出す。

1481 ウイット

類語 機転

意味 その場に応じた気の利《き》いたことを言える才知。機知。頓智《とんち》。

関連 利口

用例 ●恩師の（含蓄）のある言葉を思い出す。

1482 かこつける

類語 こじつける

意味 他のことに関係づけて、そのせいにする。

関連 ことよせる　口実

用例 ●それはなかなか（うがっ）た見方だ。

1483
曲解
他人の言動を、わざと曲げて解釈《かいしゃく》すること。
誤解

1484
巧《こう》拙《せつ》
物事の巧《たく》みなことと拙《つたな》いこと。

1485
言《げん》質《ち》
あとで証拠《しょうこ》となる約束の言葉。

1486
噛《か》んで含《ふく》める
類語 じゅんじゅんと
よくわかるように、詳《くわ》しく丁寧《ていねい》に聞かせる。
手取り足取り →766

1487
機《き》先《せん》を制する
類語 先を越《こ》す
相手に先んじて物事を行い、勢いを抑《おさ》える。⇔後れを取る
前触《まえぶ》れ
矢先

1488
紋《もん》切《き》り型
類語 判で押《お》したよう
決まりきっていて、新味がないこと。型どおりのやり方。ステレオタイプ。
ステレオタイプ →455

●作品の（巧拙）は、素人《しろうと》の私にはわからない。
●（紋切り型）の挨拶《あいさつ》をして、その場をあとにした。
●相手の（言質）をあげつらって反論する。
●幼児には、（噛んで含める）ように説明する必要がある。
●開始後、早々のゴールで味方が（機先を制し）た。
●あの報道は、事実を都合よく（曲解）して取り上げている。

第5章 性格・心情・性質

1489 杞《き》憂《ゆう》

言葉：杞《き》憂《ゆう》　類語 取り越《こ》し苦労

意味：あれこれと**無用な心配をする**こと。

関連：取り越し苦労 →612 憂慮《ゆうりょ》→1273

1490 甘《かん》受《じゅ》

言葉：甘《かん》受《じゅ》

意味：**甘《あま》んじて受け入れる**こと。

1491 珍《ちん》重《ちょう》

言葉：珍《ちん》重《ちょう》

意味：**珍《めずら》しがって大切にする**こと。めでたいこと。

関連：稀有《けう》 珍重の至り

1492 我《が》執《しゅう》

言葉：我《が》執《しゅう》

意味：自分中心の**狭《せま》い考え**。また、それにとらわれること。我を通すこと。

1493 倒《とう》錯《さく》

言葉：倒《とう》錯《さく》　類語 転倒《てんとう》

意味：正常でなく**反対になる**こと。逆になること。さかさま。

1494 がんぜない

言葉：がんぜない

意味：幼くて聞き分けがない。幼くて、物事の**善悪の判断**がつかない。

関連：無邪気《むじゃき》→485

用例

（　）に上の言葉のどれかを入れましょう。

- 人間はなかなか（ **我執** ）から自由になれない。
- （**がんぜない**）三歳《さい》の子に振《ふ》り回される。
- 自社商品に対する世間の非難を（ **甘受** ）した。
- 大雪注意報は、（ **杞憂** ）に過ぎなかった。
- （ **倒錯** ）した生き方の男を主人公にして小説を書く。
- 国王に（ **珍重** ）された道具類が収納されている。

□ 1495 笠《かさ》に着る

権力や地位など、**自分に有利な立場**を利用していばる。

虎《とら》の威《い》を借《か》る狐《きつね》→871

●権力を（**笠に着**）た言い方に腹を立てる。

□ 1496 食指が動く

何かをしてみたいという気持ちや欲《ほ》しいという気持ちになる。「食指」は人さし指。

●新機能という言葉を聞いて、（**食指が動く**）人も多い。

□ 1497 忌《き》憚《たん》

遠慮《えんりょ》すること。忌《い》みはばかること。下に打ち消しを伴《ともな》う。

●皆《みな》さんの（**忌憚**）のないご意見をお聞かせください。

□ 1498 陶《とう》然《ぜん》

うっとりとするさま。酒などに気持ちよく酔《よ》うさま。

気分よく

●（**陶然**）とするほど美しい舞《まい》を見る。

□ 1499 吐《と》露《ろ》

考えていることを率直《そっちょく》に述べること。**本心を明かす**こと。打ち明けること。

告白

●先生に心の内を（**吐露**）する。

□ 1500 シニカル

類語 冷笑的《れいしょうてき》

皮肉な態度を取るさま。

冷笑→1202

●彼《かれ》は（**シニカル**）な笑顔《えがお》を浮《う》かべ、突《つ》き放したような発言をした。

□ 1501 忘《ぼう》我《が》

類語 放心

意味 物事に心を奪《うば》われて**自分を忘れる**こと。**夢中になる**こと。

関連 放心→497

□ 1502 杜《ず》撰《さん》

類語 粗雑《そざつ》・ぞんざい

意味 手を抜《ぬ》いたところが多く、**いい加減**なさま。

関連 無造作→722　ぞんざい→734

□ 1503 ジレンマ

意味 相反する二つの事柄《ことがら》の**板ばさみ**になって、どちらとも決めかねる状態。

□ 1504 狼《ろう》狽《ばい》

類語 困惑《こんわく》・当惑・動転

意味 **うろたえる**こと。あわてふためくこと。

関連 困惑→480　当惑→530　動転→556

□ 1505 盲《もう》従《じゅう》

類語 盲信・服従

意味 **自分で判断せず**、他人の意見に従うこと。

関連 服従→623

□ 1506 伯《はく》楽《らく》

意味 人の**資質や能力などを見抜《みぬ》く力のある**人。また、それを引き出す名指導者。

関連 伯楽の一顧《いっこ》

用例 （　）に上の言葉のどれかを入れましょう。

- 優《すぐ》れた選手を育成するには、（ 伯楽 ）も欠かせない。
- 賛成派にも反対派にもつけず、（ジレンマ）に陥《おちい》る。
- 予想外にアリバイが崩《くず》れたため、（ 狼狽 ）の色が隠《かく》せない。
- （ 杜撰 ）な管理をしたせいで、部品をなくしてしまった。
- 上の命令に（ 盲従 ）するだけではだめだ。
- この曲を聴《き》くと、（ 忘我 ）の境《きょう》に入ってしまう。

1507 悲喜こもごも

悲しみと喜びが代わる代わる起こること。

禍《か》福《ふく》はあざなえる縄《なわ》のごとし

●人生の（悲喜こもごも）を味わう。

1508 味《み》噌《そ》をつける

類語 面目を失う

失敗して評判を落とす。

面目→816

●クラスの中で、一人（抜きん出）て背が高い。

1509 ひとかど

類語 いっぱし

他よりひときわ優《すぐ》れていること。一人前。

抜きん出る→1512

●（ほうほうの体）で、家に逃《に》げ帰る。

1510 ほうほうの体《てい》

類語 危《き》機《き》一《いっ》髪《ぱつ》

やっとのことで逃《に》げ出すさま。「はい出さんばかり」の様子が語源。

●仕事に（かまけ）て友人関係がおろそかになる。

1511 かまける

一つのことだけに心を取られて、他のことをおろそかにする。

なおざり
軽視する

●彼《かれ》はああ見えても（ひとかど）の発明家だ。

1512 抜《ぬ》きん出る

類語 群を抜く・秀《ひい》でる

周囲の者よりひときわ優《すぐ》れている。ずば抜けている。

ひとかど→1509

●事故処理で（味噌をつけ）たのが、彼の失脚《しっきゃく》の原因だ。

番号	言葉	類語	意味	関連
1513	粗《そ》野《や》	粗暴	洗練されていなくて乱暴なこと。下品で荒々《あらあら》しいこと。	
1514	憤《ふん》慨《がい》	慨嘆《がいたん》	非常に怒《おこ》ること。嘆《なげ》き怒《おこ》ること。	腹の虫が治まらない
1515	辟《へき》易《えき》	閉口	うんざりすること。嫌《いや》になること。	閉口→798 嫌気がさす
1516	漫《まん》然《ぜん》	ぼんやりと	いい加減に行うさま。特別の目的もなく事を行うさま。	おぼろげ→676
1517	無《む》為《い》	拱手《きょうしゅ》	何もせずぶらぶらしているさま。	無為徒食 手をこまねく→763
1518	意《い》趣《しゅ》	憎悪《ぞうお》・遺恨《いこん》	ひどい仕打ちに対する恨《うら》み。	憎悪→467

用例　(　)に上の言葉のどれかを入れましょう。

- (　意趣　)返しのつもりで頑《がん》張《ば》った。
- 退職後は(　無為　)に日々を送らず、ボランティアに参加する。
- (　漫然　)と古本市を見て歩く。
- 親の悪口を言われて(　憤慨　)し、そっぽを向いている。
- 退屈《たいくつ》な自慢《じまん》話に(　辟易　)し、あくびが出る。
- (　粗野　)な振《ふ》る舞《ま》いを許さない。

□ 1519
破天荒《はてんこう》
類語 前代《ぜんだい》未聞《みもん》・未曽有《みぞう》

今まで誰《だれ》もしたことがないことをするさま。

前代未聞→938

□ 1520
愁《しゅう》嘆《たん》
類語 悲嘆

嘆《なげ》き悲しむさま。

□ 1521
やぶさかでない
類語 物惜《ものお》しみしない

むしろ喜んでそうすること。

□ 1522
やんごとない
類語 尊い

身分などが高い。高貴である。

恐《おそ》れ多い→620

□ 1523
つっけんどん
類語 邪険《じゃけん》・ぶっきらぼう

態度や言葉遣《づか》いがとげとげしく愛想《あいそ》のないさま。

つれない→724
取りつく島もない→909

□ 1524
鼓《こ》舞《ぶ》
類語 激励《げきれい》

励《はげ》まして勢いづけること。奮い立たせること。鼓《つづみ》を打って舞《ま》う意味から。

●オリンピック招致《しょうち》活動に協力するのは（やぶさかでない）。

●（ 破天荒 ）な役者人生を終える。

●腕《うで》は確かだが、（つっけんどん）な店主だ。

●ここがこの作品の（ 愁嘆 ）場だ。

●自らのやる気を（ 鼓舞 ）するため、頬《ほお》をたたく。

●あの人は（やんごとない）家柄《いえがら》の出身だ。

	言葉	類語	意味	関連
1525	そそくさ	あたふた・せわしなく	**落ち着かない**さま。慌《あわ》ただしいさま。	せかせか
1526	忌《き》避《ひ》	敬遠・回避《かいひ》	嫌《きら》って**避《さ》ける**こと。	
1527	相好《そうごう》を崩《くず》す		**にっこりと笑う**。「相好」は人の顔かたちのこと。	
1528	やるせない	せつない	**つらく悲しい**。どうしようもない。	やり切れない
1529	やるかたない	他にしようがない	気の晴らしようもない。**どうすることもできない**。	
1530	深厚	深甚《しんじん》	気持ちが**心の底から**出たさま。	

用例 （　）に上の言葉のどれかを入れましょう。

- 「憤懣《ふんまん》（やるかたない）」とは、とても腹が立つという意味だ。
- 難題を（忌避）せず取り組まなければいけない。
- 青春時代の（やるせない）気分を曲に込《こ》める。
- （深厚）な同情心を寄せる。
- 日が暮れると、（そそくさ）と店じまいをする。
- 久しぶりに孫の顔を見た祖父が、（相好を崩し）た。

□ 1531
愚《ぐ》直《ちょく》
類語 ばか正直・くそ真面目《まじめ》

正直すぎること。真っ正直。

生《き》真面目

●世間に（おもねる）ようでは大成しない。

□ 1532
朴《ぼく》（木）訥《とつ》
類語 口下手

飾《かざ》り気がなく話し下手なこと。

口下手→796

●苦労を（いとわ）ず活動をする姿に心を打たれる。

□ 1533
おもねる
類語 こびる

気に入られようとする。へつらう。

こびる→622
ごまをする

●公共の乗り物の中で、（臆面もなく）ふざけ合う子どもたちを注意する。

□ 1534
すげない
類語 素っ気ない

同情や思いやりがない。冷《れい》淡《たん》である。つれない。

にべもない

●その（朴訥）としたところがあの人の魅力《みりょく》だ。

□ 1535
臆《おく》面《めん》もなく
類語 厚かましい

気後れした様子もなく。ずうずうしく。

●（愚直）な生き方を貫《つらぬ》く。

□ 1536
いとう
類語 かばう

嫌に思って避《さ》ける。いたわる。大事にする。

●彼女《かのじょ》の（すげない）返事には傷ついた。

第6章 ことわざ・四字熟語

1537 守《しゅ》株《しゅ》

意味 いつまでも古い習慣にこだわること。進歩がないこと。「株《くいぜ》を守りて兎《うさぎ》を待つ」ともいう。

関連 保守的
→223

1538 堰《せき》を切る

類語 雪崩《なだれ》を打つ

意味 抑《おさ》えられていた物事が急激に激しい状態になる。

1539 和して同ぜず

意味 人と仲良く交際はしても、人に気に入られようとして自説を曲げるようなことはしない。

1540 水際立《みずぎわだ》つ

類語 秀《ひい》でる

意味 他と比べて抜《ぬ》きん出て優《すぐ》れている。

関連 目立つ

1541 枚挙に暇《いとま》がない

類語 数え切れない

意味 いちいち数え挙げることができないほど数が多い。「枚挙にひまがない」は誤り。

1542 のべつ幕なし

類語 引きも切らず

意味 ひっきりなし。休みなく続くさま。

関連 続けざま
引きも切らず
→1544

用例 （　）に上の言葉のどれかを入れましょう。

- 現場での（水際立っ）た指揮能力が評価された。
- 無口な人が（堰を切っ）たようにしゃべり始めた。
- 思い出すと、若い頃《ころ》の失敗談は（枚挙に暇がない）。
- （和して同ぜず）が、彼《かれ》の立派なところだ。
- （のべつ幕なし）に問い合わせのメールが入ってくる。
- これまでの（守株）を反省し、改革を進めよう。

1543 鳴りをひそめる

類語 鳴りを静める

表立った活動を休止している。**じっとしている**。

1544 引きも切らず

類語 のべつ幕なし

人や電話などが次から次へと続いて**途切《とぎ》れない**さま。

立て続け
のべつ幕なし ↓1542

1545 水を向ける

相手の関心を引くように**それとなく誘《さそ》いかける**。

勧誘《かんゆう》する

1546 支離滅裂《しりめつれつ》

ばらばらでまとまりがなく、筋道が立っていないさま。一《いっ》貫性《かんせい》のないこと。⇔理路整然

1547 独断専行《どくだんせんこう》

自分だけの考えで決めて、勝手に物事を行うこと。「独断先行」は誤り。

横暴 ↓478
専横

1548 付《ふ》(附)和雷同《わらいどう》

類語 唯唯諾諾《いいだくだく》

自分にしっかりした考えがなく、**他人の意見にすぐ同調する**こと。「不和雷同」は誤り。

尻馬《しりうま》に乗る

● この事件は、間違《まちが》いなく彼《かれ》の（独断専行）によるものだ。

● 肝心《かんじん》なときに、（付和雷同）して流れに任せていてはだめだ。

● そろそろ、それとなく、本題へと（水を向け）よう。

● 開店初日は、客が（引きも切らず）つめかけた。

● あれだけテレビに出ていた人が、すっかり（鳴りをひそめ）ている。

● 彼の発言は（支離滅裂）で、ついていけない。

番号	言葉	意味	関連
□ 1549	有名無実 類語 見かけ倒《だお》し	名ばかりで**実質が伴《ともな》わない**こと。	
□ 1550	奇想天外《きそうてんがい》	普通《ふつう》ではまったく思いもよらないほど**奇抜《きばつ》である**さま。	
□ 1551	諸行無常《しょぎょうむじょう》 類語 有為転変《ういてんぺん》	この世のすべては**はかないものである**ということ。	
□ 1552	三位一体《さんみいったい》	キリスト教の神に関しての考え方の一つ。また、**三つのものが一つに心を合わせる**こと。	
□ 1553	私利私欲	**自分だけが利益を得ようと**する心。	欲張り 我利我利《がりがり》亡者《もうじゃ》
□ 1554	青息吐息《あおいきといき》	困難な状況《じょうきょう》に置かれたときにつく**ため息**。またその状態。	虫の息

用例　（　）に上の言葉のどれかを入れましょう。

- 代表者とはいっても、実質は（有名無実）の存在だ。
- 彼《かれ》の考えた作戦は、人々の意表をつく（奇想天外）なものであった。
- 今月は出費がかさみ、家計は（青息吐息）だ。
- 『平家物語』には、（諸行無常）の人間の生き様《ざま》が描《えが》かれている。
- 政府は（三位一体）の改革を打ち出した。
- 彼らの（私利私欲）の追求にはあきれるよ。

□ 1555

天衣無縫《てんいむほう》

類語 天真爛漫《てんしんらんまん》

わざとらしさがなく、人柄《ひとがら》が自然で美しいこと。無邪《むじゃ》気《き》なこと。

天真爛漫《てんしんらんまん》→942

●高熱で、（前後不覚）の状態に陥《おち》いる。

□ 1556

巧言令色《こうげんれいしょく》

巧《たく》みな言葉やこびへつらった態度で取りつくろうこと。

朝三暮四《ちょうさんぼし》→1330
巧言令色鮮《すくな》し仁《じん》

●（大言壮語）したものの、結果は出せなかった。

□ 1557

森羅万象《しんらばんしょう》

類語 万物

宇宙に存在するすべてのもの。

コスモス

●（天衣無縫）が売りのアイドルも鼻についてきた。

□ 1558

前後不覚

物事のあとさきもわからないほど、正体を失うこと。

●あの人は（巧言令色）で真心が感じられない。

□ 1559

不偏不党《ふへんふとう》

いずれの主義や党派にも加わらないこと。自由で公平な立場をとること。

中立

●（森羅万象）、何一つ無駄《むだ》なものはない。

□ 1560

大言壮語《たいげんそうご》

類語 ほらを吹《ふ》く・豪語《ごうご》

実力もないのにおおげさに言うこと。できそうにもないことや威勢《いせい》のいいことを言うこと。

針小棒大→1331
誇張《こちょう》→1168

●（不偏不党）の立場を貫《つらぬ》いて、選挙に当選した。

〈同類語の使い分け〉

（語尾《ごび》が変わる場合があります。）

	～のある仕事	言葉の～を調べる	やっても～がない	有～な時間
意味	○	○	○	×
意義	○	×	×	○

注 「意義」は、「価値」の意味で使われる。

	～の行い	～の営業時間	平和な～	～通りにふるまう
普段《ふだん》	○	○	×	○
平常	○	○	×	○
日常	○	×	○	×

注 いずれの語も「特別なことがない」という意味を含《ふく》む。

	問題を～	故郷を～	別のやり方を～	試験を受けようと～
思う	×	○	×	○
考える	○	×	○	○

注 「思う」は主観的、「考える」は客観的である。

	～な結果	～、簡単だった	～や～	～と怖《こわ》がりなんだね
案外	×	○	×	○
意外	○	×	○	○

注 「意外」の方が、はっきりと予想していたことを表す。

944

	得意先へ～	幼稚園《ようちえん》へ～	感情の～ままに	社長が～てくださる
行く	○	○	×	○
赴《おもむ》く	○	×	○	×

注 「行く」は、現在の地点を離《はな》れて進む場合に、「赴く」は、目的があってその場所へ移動する場合に用いる。

424

	事情について～する	遅刻《ちこく》の～をする	～の余地はない	～を求める
弁解	○	○	○	×
弁明	○	×	×	○
言い逃《のが》れ	○	○	○	×
釈明《しゃくめい》	○	×	○	○

注 「言い逃れ」は、逃れるための口実を作ること。

	～まかせても	～しなさい	地震《じしん》が来ても～	～した(な)人物
しっかり	×	○	×	○
大丈夫《だいじょうぶ》	○	×	○	○

注「大丈夫」は、心配がないことを表す。

	親から～する	～した部屋	民族の～	～して会社を経営する
独立	○	○	○	○
自立	○	×	○	○
自活	○	×	×	×

注「自活」は、自分の力で生活すること。

1528

	～思い	～立場	恋人《こいびと》との～別れ	ダイエットが～
つらい	○	○	○	○
切ない	○	×	○	×
やるせない	○	×	○	×

注「つらい」は、精神的な苦しさにも肉体的な苦しさにも使う。

	お～のご様子	～心頭	～を感じる	～紛《まぎ》れ
怒《いか》り	○	○	○	×
憤《いきどお》り	×	×	○	×
腹立ち	○	×	○	○

注「憤り」は、内に秘めた気持ちであることが多い。

635

	～する	将来に～する	君には～したよ	～の色をあらわにする
がっかり	○	×	○	×
失望	○	○	○	○
落胆《らくたん》	○	×	×	○

注「失望」は他の対象に対して使い、「落胆」は自分のことに使う場合が多い。

	高いところに～	成績が～	太陽が～	物価が～
あがる	○	○	×	○
のぼる	○	×	○	×

注「のぼる」は、上へ向かって動くことを表す。「あがる」は、前の段階との比較。

1348

	～やめる	かわいくて～	中止を～される	今更《いまさら》悔《く》やんでも～
仕方ない	○	○	×	○
せん方ない	○	×	×	○
余儀《よぎ》ない	○	×	○	×

注 「仕方ない」は、「たまらない」の意味でも使う。

	連絡《れんらく》の～がない	非常～	～論	通勤の～
仕方	×	×	×	○
手段	○	○	×	○
方法	○	×	○	○

注 「仕方」は目標を達成するためにとる行動そのものを指す。

	年齢《ねんれい》に～のある仕事	速度～	報道が～される	年齢～
制限	○	○	○	○
制約	○	×	○	×

注 「制限」は、一定の限度を超えさせないこと。

	生活～にかかわる	～の意見をまとめる	今年は～的に暑い	～捨てよう
全体	○	○	○	×
全部	○	○	×	○
全般《ぜんぱん》	○	×	○	×

注 「全部」は、一つ一つの物を寄せ集めたものというとらえ方。

	その土地の～	早寝《はやね》早起きの～	お米をまく～がある	～法
習慣	○	○	×	×
慣習	○	×	×	○
風習	○	×	○	×

注 「習慣」は、個人的なことにも使う。

	～味	～つきまとう	～風邪《かぜ》	話が～
しつこい	○	○	○	○
くどい	○	×	×	○

注 「くどい」は、同じ言動を繰《く》り返すさま。

	部分	一部
先端《せんたん》の～が壊れた	○	○
文章の大切な～	○	×
～の人にしかできない	×	○
～的に修正する	○	×

注「部分」は、全体をいくつかに分けたものの一つ一つ。「一部」は、ひとかたまりの全体の中の一か所。

	533 非難	551 批判
新作映画を～する	○	○
映画の～を書く	×	×
～的意見	×	○
～を受ける	○	○

注「非難」は、悪い点を責めること。

	内	中
心の～	○	○
胸の～を明かす	○	×
人ごみの～	×	○
カバンの～	×	○

注「中」は、おもに空間的なものに対して使う。

	妥当《だとう》	適当	1363 順当
～な結果	○	×	○
～な意見	○	○	×
～な解決策	○	○	×
～に勝ち進む	×	×	○

注「適当」には、「いいかげん」という意味もある。

	並べる	連ねる
軒《のき》を～	○	○
美辞麗句《びじれいく》を～	○	○
机を～	○	×
名を～	×	○

注「連ねる」には、「仲間に入る」という意味もある。

	長所	美点	利点
～を生かす	○	×	○
それが彼女《かのじょ》の～だ	○	○	×
～を伸《の》ばす教育	○	○	×
企業合併《きぎょうがっぺい》の～	×	×	○

注「美点」は人間について述べるのに使う。

1473 185

	文明の～	科学技術が～する	～途上《とじょう》国	心身の～
進歩	○	○	×	×
発展	○	×	○	×
発達	○	○	×	○

注 「進歩」は、より良い方向へ進む意味合いが強い。

	～扱《あつか》い	～な道具を使う	～にうまい	～技能
特別	○	○	○	×
特殊《とくしゅ》	×	○	×	○
格別	×	×	○	×

注 「格別」は、良いことに使われることが多い。

	組織の～	ビルの～	家庭～	政権が～する
崩壊《ほうかい》	○	○	○	○
瓦解《がかい》	○	×	○	○

注 「瓦解」は、組織や秩序が壊《こわ》れることに対して使う。

	～に向けた努力	～作業	昔のアニメが～する	～品
再生	○	×	×	○
復旧	○	○	×	×
復活	○	×	○	×

注 「復活」は、一度完全に途切《とぎ》れたものに使う。

	クラスで～がある	～の高い店	～が厚い	～になる
人気	○	○	×	○
人望	○	×	○	×
評判	×	○	×	○

注 「人望」には、尊敬や信頼《しんらい》をされる意味がある。

	～をしっかり見る	～は厳しい	～無根だ	～上の倒産《とうさん》
現実	○	○	×	×
事実	○	×	○	○

注 「事実」の方が、より具体的な事柄《ことがら》を表す。

761

	～に帰る	社会での会社の地位が～だ	交通～	旅の～を願う
安泰《あんたい》	×	○	×	×
安全	○	×	○	○

注 「安全」は、危害を受ける心配が無い場合に使う。

1272

	～に教える	～な人	～を無にする	～丁寧《ていねい》
親切	○	○	○	○
懇切《こんせつ》	○	×	×	○

注 「懇切」は、人にものを教える場合に使うことが多い。

	～の方法（的な方法）	～営業	世間～	今の彼《かれ》は～じゃない
普通《ふつう》	○	×	×	○
通常	○	○	×	×
一般《いっぱん》	○	×	○	×

	古い組織を～する	意識～	品種～	食生活を～する
改革	○	○	×	×
変革	○	○	×	×
改良	○	×	○	×
改善	○	×	×	○

注 「改良」は、形あるもの、物質について用いられることが多い。

	～の発展	～の利器	～的なくらし	～遺産
文化	○	×	○	○
文明	○	○	×	×

注 「文明」は、物質的なものに使われる場合が多い。

	無実を～する	数学の～問題	内容～	真理を～する
証明	○	○	○	○
立証	○	×	×	○

注 「立証」には「具体的な証拠を挙げて」という意味がある。

	明瞭《めいりょう》	明白	明晰《めいせき》	明確
簡単～	○	×	×	×
事実は～だ	○	○	×	×
頭脳～	×	×	○	×
～な意思を持つ	×	×	×	○

注 「明晰」には、論理的であるという意味がある。

	着眼	注目
変化に～する	○	○
～がすばらしい	○	×
～点は良い	○	×
今後の動きに～する	×	○

注 「着眼」は、「重要な点に目をつける」という意味合いが強い。

	気軽	678 安直
～に考える	○	○
～に話せる	○	×
～な手段に頼《たよ》る	×	○
お～な服装でどうぞ	○	×

注 「気軽」は、人間関係などにも使う。

	練習	稽古《けいこ》	特訓
～をする	○	○	○
弟子《でし》に～をつける	×	○	×
避難《ひなん》～	×	×	×
バイオリンの～	○	○	○

注 「特訓」は「特別訓練」の略。

	冷静	1193 沈着《ちんちゃく》	平静
～な行動	○	○	×
～に行動する	○	○	×
～を装《よそお》う	○	×	○
～を取り戻《もど》す	×	×	○

注 「平静」は、人間以外に対しても使う。

	注目	1126 注視
～を集める	○	○
～の的	○	○
～に値する	○	×
一点を～する	×	○

注 「注視」は、一点を見つめること。

	～にあった怖《こわ》い話	この話は～だ	～問題	～に食べてみる
本当	○	○	×	○
実際	○	×	○	○

注 「実際」には、現実であるという意味がある。

	～のない顔	～が悪い	ミスもご～	～をつかす
愛嬌《あいきょう》	○	×	○	×
愛想	○	○	×	○

注 「愛嬌」は、こっけいな感じを含《ふく》んで使うことができる。

581

	～な人	～に構える	ミスを～に許す	～な心の持ち主
おおらか	○	○	×	○
鷹揚《おうよう》	○	○	○	×
大様	○	○	○	×

注 「おおらか」は気持ちに、「鷹揚」「大様」は態度に用いられることが多い。

	生物学を～	先生に～	柔道《じゅうどう》を～	深く～
習う	○	○	○	○
学ぶ	○	○	×	○
教わる	○	○	○	○
倣《なら》う	×	○	×	×

注 「倣う」は真似《まね》をするという意味。

	美的～	指先の～がない	洋服の～がよい	ゲーム～ができる
感覚	○	○	×	○
センス	○	×	○	×

注 「感覚」は、人間の五感の意味でも使う。

58

	会社の方針を～させる	命令を～させる	指導を～する	環境《かんきょう》意識が国民に～する
徹底《てってい》	○	○	○	×
浸透《しんとう》	○	×	×	○

注 「徹底」には、積極的に広められる意味がある。

	～な計画	～な意味でいえば	～に調べる	～検査
1070 綿密	○	×	○	×
679 厳密	○	○	○	×
精密	○	×	○	○
緻密《ちみつ》	○	×	○	×

注 工業技術については「精密」が使われることが多い。

	納税は国民の～だ	～を果たす	～を負う	特殊《とくしゅ》～を遂《すい》行《こう》する
務め	○	○	×	×
義務	○	○	○	×
214 責務	○	○	○	×
200 任務	×	○	×	○

注「任務」は、個人が与えられて行うこと。

	前向きな～	低～	～を立て直す	～が大きい
姿勢	○	○	○	×
態度	○	×	×	○
態勢	×	×	○	×

注「態度」は、表に出てきた印象。

	～を失う	～が(に)戻《もど》る	～を見破る	～の沙汰《さた》ではない
意識	○	○	×	×
正体	○	×	○	×
正気	○	○	×	○

注「正体」「正気」は、心が正常な状態であることを表す。

	自分の思いを～	英語を～	遺跡《いせき》が歴史を～	～尽《つ》くせない
話す	○	○	×	○
語る	○	×	○	○

注「語る」は、聞き手に対してまとまりのあることを改まって聞かせる意味で、自分の行為に用いない。

	タイムを～	身長を～	血圧を～	体重を～
計る	○	×	×	×
測る	×	○	○	×
量る	×	×	×	○

注 「計る」は時間、「測る」は長さや速さ、温度、「量る」は重さや体積に使う。

	面白い～	～の転換《てんかん》	～がよい	～でものを言う
発想	○	○	○	×
着想	○	×	○	×
思いつき	○	×	×	○

注 「着想」はアイディアの意味で使う。

	～を守る	～前投票	～切れ	契約《けいやく》の～が切れる
期日	○	○	×	○
期限	○	×	○	○

注 「期限」は期間を表し、「期日」は決められた日を表す。

	～を隠せない	すばらしさに～の声を上げる	訃報《ふほう》に～する	～に値する
驚き	○	○	×	×
驚愕《きょうがく》	○	×	○	×
驚嘆《きょうたん》	○	○	×	○

注 「驚嘆」は、感心したときに使う。

	～を言う	～をつく	～のない気持ち	～をふく
うそ	○	○	○	×
偽《いつわ》り	○	×	○	×
ほら	×	×	×	○

注 「ほら」は、大げさに伝えたり、作り話をしたりすること。

	仕方なく～する	～案を提出する	一歩も～しない	～を許さない性格
妥協《だきょう》	○	○	×	○
譲歩《じょうほ》	○	×	○	×

注 「妥協」には、一致《いっち》点を見つけるという意味がある。

	～がある	～に欠ける	～がつく	～深い
思慮《しりょ》	○	○	×	○
分別	○	○	○	×

注 「分別」は、常識に従い判断する意味で使う。

	～出来上がった	～同じ大きさだ	～の見積もり	勝利は～間《ま》違《ちが》いない
ほぼ	○	○	×	○
大体	○	○	○	×

注 「大体」よりも「ほぼ」の方が、完全に近い。

	国家の～	～計画	災害からの～	電車のダイヤが～する
復旧	×	○	○	○
復興	○	○	○	×

注 「復旧」は、壊れたものが元のようになること、「復興」は、衰えてしまったものを元のように盛んにすることを表す。

	～をふるう	～を持つ	～を広げる	～を発揮する
勢力	○	○	○	×
威力《いりょく》	×	○	×	○
権力	○	○	×	×
権勢	○	×	○	×

注 「権勢」は「権力」をふるって「勢力」を張ること。

	土台が～家	体が～	涙《なみだ》～	甘《あま》いものに～
弱い	○	○	×	○
もろい	○	×	○	×

注 「もろい」は、外からの力によって壊《こわ》れやすいさま。

	～ジュース	ひげが～	～ピンク色	味が～
濃厚《のうこう》	○	×	×	○
濃《こ》い	○	○	○	○

注 「濃い」の対義語は「薄い」、「濃厚」の対義語は「淡白《たんぱく》」となる。

	体を～	針金を～	ガスのスイッチを～	ボルトを～って締《し》める
曲げる	○	○	×	×
ひねる	○	×	○	○
ねじる	○	○	×	○
よじる	○	○	×	×

注 「ひねる」には、「工夫《くふう》をこらす」という意味もある。

	生活費を～する	～家	電気を～する	時間の～
倹約《けんやく》	○	○	×	×
節約	○	○	○	○

注 「倹約」は、金銭面について使う。

	金を～	子どもを～	点数を～	生活費を～
儲《もう》ける	○	○	×	×
稼《かせ》ぐ	○	×	○	○

注 思いがけず利益を得た場合には「儲ける」を使う。

	疑惑《ぎわく》の～	真相～	不正を～する	原因～にのりだす
解明	○	○	×	○
糾明《きゅうめい》	○	×	○	×
究明	○	○	×	○

注 問いただす場合には「糾明」を使う。

	～な面持ち	～な叫《さけ》び	～な出来事	～感が漂《ただよ》う
悲痛	○	○	○	×
沈痛《ちんつう》	○	○	×	×
悲愴《ひそう》	○	×	×	○

注 「悲愴」は、内面的なものに使われる場合が多い。

	高～カメラ	～のいい車	肺の～障害	エンジンの～
性能	○	○	×	○
機能	○	×	○	○

注 「性能」は「能力」を、「機能」は「役割」を表すことが多い。

	名画に～する	～的な場面	～な子だね	～を与《あた》える
感動	○	○	×	○
感激	○	×	×	×
496 感銘《かんめい》	○	×	×	○
感心	○	×	○	×

注 「感心」は、対象に対してすばらしいと判断した場合に使う。

	～を整える	～投資	公共～	老人～
設備	○	○	○	×
施設	○	×	○	○

注 「施設」は建物などの大きなものに対して使う。

	～を確認する	安全～が作動する	標準～	重～ででかける
装置	○	○	×	×
装備	○	×	○	○

注 必要な備品などをそなえる場合は「装備」を使う。

	～な手続き	～な事になった	～な心境	事後処理が～を極《きわ》める
面倒	○	○	×	×
厄介《やっかい》	○	○	×	×
煩雑《はんざつ》	○	×	×	○
複雑	○	○	○	×

注 「面倒」「厄介」には、「世話になる」という意味もある。

	～を遂《と》げる	論理の～がある	大～	～的に向上する
1028 飛躍《ひやく》	○	○	×	○
躍進《やくしん》	○	×	○	×

注 「飛躍」は、順序を飛び越《こ》す意味もある。

	平和運動を～する	緑化を～する	購《こう》買《ばい》意《い》欲《よく》を～	成長～剤《ざい》
推進	○	○	×	×
促進《そくしん》	○	○	○	○

注 「促進」には、「速める」という意味がある。

	チームが～して	～作業	風呂《ふろ》・トイレ～	喜んで～します
共同	○	○	○	×
協力	○	×	×	○
協同	○	○	×	×

注 「共同」は、一緒に物事を行うこと、「協同」は、心や力を合わせて物事を行うこと。

1192 537

	～を覚える	～に駆《か》られる	～の念に駆られる	～を鎮《しず》める
いらだち	○	×	×	○
焦燥《しょうそう》	○	○	○	×
焦慮《しょうりょ》	○	○	×	×

注 「焦燥」は、はっきりとした理由や目的に対して焦《あせ》ること。

	明るさの～をする	スケジュール～	体温～	チームを～する
調整	○	○	○	○
調節	○	×	○	×

注 「調節」は、程度をほどよくすること。

	～な立場	～に分ける	男女～	～な裁判
公平	○	○	×	×
平等	○	○	○	×
公正	○	×	×	○

注 「平等」は、差別が無く、みなが等しいという意味をもつ。

	～を上げる	～が上がる	～のある会社	～を残す
成果	○	○	×	×
実績	○	○	○	○

注 「実績」は、おもに仕事について使う。

	～を受ける	～を与える	～力のある人	～臭《しゅう》
刺激《しげき》	○	○	×	○
影響《えいきょう》	○	○	○	×

注 受け手を興奮させる力の場合は「刺激」を使う。

さくいん

か行

気さく 84
起死回生 160
喜寿《きじゅ》 169
気丈《きじょう》 91
机《き》上の空論 150
疑心暗鬼《ぎしんあんき》 158
擬人化《ぎじんか》 199
犠牲《ぎせい》 30
機先《きせん》を制する 251
偽装《ぎそう》 179
奇想天外《きそうてんがい》 262
忌憚《きたん》 253
機知 197
紀伝体 238
軌道《きどう》に乗る 155
奇特《きとく》 108
気に病《や》む 110
帰納 198
気迫《きはく》 121
揮発《きはつ》 234
規範《きはん》 33
忌避《きひ》 258
機敏《きびん》 86
起伏《きふく》 117
気味悪い 106
肝《きも》が据《す》わる 142

肝《きも》に銘《めい》じる 142
肝《きも》を冷やす 143
逆説 199
虐待《ぎゃくたい》 163
きゃしゃ 97
却下《きゃっか》 59
客観 23
逆境 105
杞憂《きゆう》 252
究極 116
牛耳《ぎゅうじ》る 138
丘陵《きゅうりょう》 6
寄与《きよ》 178
脅威《きょうい》 62
恐喝《きょうかつ》 191
供給 44
仰々《ぎょうぎょう》しい 100
胸襟《きょうきん》を開く 223
強行 62
興ざめ 83
凝視《ぎょうし》 93
享受《きょうじゅ》 192
郷愁《きょうしゅう》 130
強靭《きょうじん》 205
共生 18
矯正《きょうせい》 63

共存 19
共同体 65
虚栄心《きょえいしん》 129
虚偽《きょぎ》 191
玉石混交《ぎょくせきこんこう》(淆) 225
極度 116
虚勢《きょせい》 202
曲解 251
挙動 161
義理《ぎり》堅《がた》い 90
気を吐《は》く 85
謹慎《きんしん》 173
緊迫《きんぱく》 110
勤勉 85
吟味《ぎんみ》 200
空前 180
空前絶後 158
偶然《ぐうぜん》 79
偶像《ぐうぞう》 167
久遠《くおん》 237
釘《くぎ》を刺《さ》す 147
具現 164
草分け 188
駆使《くし》 181
苦渋《くじゅう》 123
具申 249

くすぶる 183
苦節 109
具体 200
愚痴《ぐち》 102
口惜《くちお》しい 137
駆逐《くちく》 191
口ごもる 136
口直し 136
口火を切る 136
口下手 136
愚直《ぐちょく》 259
口を切る 137
屈強《くっきょう》 204
屈服《くっぷく》 102
くつろぐ 121
口伝《くでん》 30
功徳《くどく》 165
首が回らない 141
くまなく 233
供養《くよう》 23
繰《く》り合わせる 173
グレーゾーン 188
クレーマー 192
グローバル 36
クローン 19
群集心理 190

君臨 194
経緯《けいい》 189
迎合《げいごう》 194
警告 57
掲載《けいさい》 53
経済 31
継承《けいしょう》 169
景勝地 164
形勢 36
軽率《けいそつ》 103
境内《けいだい》 27
慶弔《けいちょう》 240
啓発《けいはつ》 164
系譜《けいふ》 168
軽妙《けいみょう》 212
経歴 38
外科 14
劇的 77
劇薬 14
けげん 215
けしかける 90
化身《けしん》 28
血気 146
傑作《けっさく》 77
血相を変える 146
潔白 51

懸念《けねん》 108
煙《けむ》に巻く 150
嫌悪《けんお》 107
幻覚《げんかく》 26
謙虚《けんきょ》 106
堅固《けんご》 206
現象 23
献身的《けんしんてき》 120
牽制《けんせい》 172
健全 121
謙遜《けんそん》 198
言質《げんち》 251
顕著《けんちょ》 213
厳密 117
懸命《けんめい》 110
原理 12
故意 98
高圧的 216
厚意《こうい》 121
光陰《こういん》 229
号外 53
向学 206
光景 24
貢献《こうけん》 37
巧言令色《こうげんれいしょく》 263
高尚《こうしょう》 218

更生《こうせい》…51
校正…200
降雪…8
巧拙《こうせつ》…251
酵素《こうそ》…11
拘束《こうそく》…34
好転…45
口頭…136
効能…19
荒廃《こうはい》…179
購買《こうばい》…45
興奮…98
公僕《こうぼく》…195
傲慢《ごうまん》…220
功名《こうみょう》…180
効率…54
合理的…33
業《ごう》を煮《に》やす…114
護衛…195
枯《こ》渇《かつ》…172
焦《こ》がれる…98
小気味よい…84
克服《こくふく》…122
心ここにあらず…110
心もとない…207
こざかしい…91
誤算…172
腰《こし》が低い…143
腰《こし》砕《くだ》け…224
固執《こしつ(しゅう)》…210
腰《こし》を上げる…143
腰《こし》を据《す》える…144
互選《ごせん》…248
姑息《こそく》…219
こぞって…230
誇張《こちょう》…198
小ぢんまり…116
国花…244
酷寒《こっかん》…234
骨肉…224
ことさら…233
言葉を濁《にご》す…113
御破算《ごはさん》…241
こびる…107
鼓舞《こぶ》…257
コミュニケーション…31
コミュニティー…54
顧問《こもん》…37
雇用《こよう》…52
娯楽《ごらく》…73
五《ご》里《り》霧《む》中《ちゅう》…226
凝《こ》る…92
こわばる…124
婚家《こんか》…241
根拠《こんきょ》…80
権化《ごんげ》…167
根源(元)…29
言語道断…157
懇切《こんせつ》…215
コンセプト…194
混沌《こんとん》…193
建立《こんりゅう》…165
困惑《こんわく》…83

さ行

採決…37
再興…192
採光…236
罪業《ざいごう》…237
再三…231
細心…120
採択《さいたく》…185
財閥《ざいばつ》…45
削減《さくげん》…46
搾取《さくしゅ》…47
さげすむ…216
砂上の楼閣《ろうかく》…248
左遷《させん》…194
錯覚《さっかく》…114
雑多…201
察知…93
殺風景…117
諭《さと》す…107
寂《さび》れる…182
サプライズ…80
さもしい…111
座右の銘《めい》…147
斬新《ざんしん》…214
酸性雨…9
暫定《ざんてい》…189
産物…57
三《さん》位《み》一体《いったい》…262
GDP…185
慈《じ》雨《う》…235
しおらしい…202
自画自賛…159
士気…109
識別…77
詩吟《しぎん》…240
時雨《しぐれ》…9
しげしげと…228
次元…6
試《し》行《こう》錯《さく》誤《ご》…159
詩魂《しこん》…167
示唆《しさ》…196
死守…161
市井《しせい》…246
したり顔…138
失笑《しっしょう》…127
実態…51
失墜《しっつい》…175
地で行く…112
指摘《してき》…74
しなやか…121
至難の業《わざ》…155
シニカル…253
老舗《しにせ》…168
忍《しの》ぶ…95
地盤《じばん》…17
慈悲《じひ》…165
自負…106
自《じ》暴《ぼう》自《じ》棄《き》…157
自前…161
シミュレーション…183
自明…200
四《し》面《めん》楚《そ》歌《か》…158
諮問《しもん》…195
ジャーナリスト…72
釈然《しゃくぜん》…210
弱肉強食…157
若輩《じゃくはい》…190
酌量《しゃくりょう》…241
洒脱《しゃだつ》…213
遮断《しゃだん》…57
弱冠《じゃっかん》…230
煮沸《しゃふつ》…12
赦免《しゃめん》…187
雌雄《しゆう》…10
収穫《しゅうかく》…31
襲撃《しゅうげき》…61
習作…168
充実《じゅうじつ》…121
収拾《しゅうしゅう》…65
修繕《しゅうぜん》…193
収束…176
醜態《しゅうたい》…219
愁嘆《しゅうたん》…257
重鎮《じゅうちん》…243
十人十色…157
周遊…168
主観…22
儒教《じゅきょう》…165
縮小…39
縮図…55
熟練…72
趣向《しゅこう》…74

取捨選択《しゅしゃせんたく》……226
守株《しゅしゅ》……260
主体的……22
出資……31
出処《しゅっしょ》……231
受動的……108
受難……239
種苗《しゅびょう》……235
需要《じゅよう》……46
修羅場《しゅらば》……128
樹立……32
主流……32
潤滑油《じゅんかつゆ》……184
循環《じゅんかん》……10
遵守《じゅんしゅ》……194
潤沢《じゅんたく》……191
順当……231
順風満帆《じゅんぷうまんぱん》……159
掌握《しょうあく》……181
紹介《しょうかい》……65
上弦《じょうげん》……7
少子化……32
成就《じょうじゅ》……165
精進《しょうじん》……166
焦燥《しょうそう》……202
情操……99
承諾《しょうだく》……114
冗長《じょうちょう》……101
昇天《しょうてん》……239
譲渡《じょうと》……46
衝突《しょうとつ》……59
正念場……68
奨励《しょうれい》……178
諸行無常《しょぎょうむじょう》……262
食指が動く……253
植生……7
しょげる……98
初志貫徹《しょしかんてつ》……225
所詮《しょせん》……74
シリアス……128
尻込《しりご》み……144
私利私欲……262
支離滅裂《しりめつれつ》……261
尻《しり》をまくる……224
じれったい……105
ジレンマ……254
人為《じんい》……15
審議《しんぎ》……38
仁義……103
心血……87
深厚……258
深刻……125
針小棒大……225
薪炭《しんたん》……235
慎重《しんちょう》……88
浸透《しんとう》……13
信念……123
神秘……30
親密……130
森羅万象《しんらばんしょう》……263
真理……30
衰運《すいうん》……242
推挙……249
推敲《すいこう》……201
随時《ずいじ》……162
推薦《すいせん》……38
出納《すいとう》……54
枢軸《すうじく》……244
ずうずうしい……90
趨勢《すうせい》……241
スキルアップ……189
すげない……259
杜撰《ずさん》……254
捨て身……144
ステレオタイプ……79
聖域……195
政界……36
生気……86
請求《せいきゅう》……39
精算……46
清算……53
生態系……4
性癖《せいへき》……82
清廉《せいれん》……218
精を出す……109
世界観……24
是《ぜ》が非《ひ》でも……229
責務……39
赤面……213
セキュリティー……187
赤裸々《せきらら》……197
堰《せき》を切る……260
世間体《せけんてい》……66
席巻《せっけん》……65
切磋琢磨《せっさたくま》……226
折衝《せっしょう》……195
絶対……24
節電……20
節度……65
切迫《せっぱく》……203
切望……209
絶妙《ぜつみょう》……117
絶滅《ぜつめつ》……20
摂理《せつり》……19
瀬戸際《せとぎわ》……69
背に腹は代えられない……142
是非《ぜひ》もない……229
せめぎあう……54
セレブ……190
先駆者《せんくしゃ》……189
先見の明……149
前後不覚……263
繊細《せんさい》……88
潜在《せんざい》……215
千載一遇《せんざいいちぐう》……226
漸次《ぜんじ》……184
前代未聞《ぜんだいみもん》……160
先天的……214
遷都《せんと》……39
先入観……27
専念……81
先鞭《せんべん》をつける……245
羨望《せんぼう》……90
禅問答《ぜんもんどう》……153
占有《せんゆう》……247
全容……73
鮮烈《せんれつ》……204
洗練……218
創意工夫《そういくふう》……160
憎悪《ぞうお》……81
操業……54
創業……55
壮健《そうけん》……206
相好《そうごう》を崩《くず》す……258
相殺《そうさい》……176
造作ない……221
創造……22
想像……93
相対……25
増長……82
造物主……166
藻類《そうるい》……234
贈賄《ぞうわい》……246
疎外感《そがいかん》……89
組閣……36
束縛《そくばく》……58
素行……128
底力……119
そこはかとない……109
組織……36
そそくさ……258
疎通《そつう》……69
そつがない……119
率先《そっせん》……122
率直《そっちょく》……89

た行

な行

は行

ま行

本書に関する最新情報は，当社ホームページにある本書の「サポート情報」をご覧ください。（開設していない場合もございます。）

中学自由自在Pocket／国語力を高める語彙1560

編著者　中学教育研究会　　発行所　受験研究社

発行者　岡　本　泰　治

© 株式会社 増進堂・受験研究社

〒550-0013　大阪市西区新町2－19－15　／　電話（06）6532-1581㈹　／　Fax（06）6532-1588

Printed in Japan　岩岡印刷・高廣製本

落丁・乱丁本はお取り替えします。